ジブリの授業

語りえぬものたちの
残響と変奏に耳を澄ます

古川　晴彦
Haruhiko Furukawa

無有好醜

＊（むうこうじゅ・好醜有ること无し）
柳宗悦が仏教用語から転用して、美しさと醜さの二元論を超えた「曇りのない眼《まなこ》」で対象を直《じか》に観ることを説いたときに用いたのがこの言葉である。本書で扱われているジブリ作品はまさに「無有好醜」の精神に貫かれている。

はじめに

わたしに『千と千尋の神隠し』を初めて観るきっかけを作ってくれたのは、教室の一番うしろに座っていたひとりの学生だった。それは二〇〇六年のことだった。上映からすでに五年の歳月を経て、数々の国際的な映画祭での受賞を果たし、爆発的な興行動員記録も成し遂げていたこの作品をわたしはまだ不思議と観たことがなかった。いくつかの作品はリアルタイムで観ていたものの、当時熱心なジブリファンとは到底言い難かったわたしに、その親切な学生はこの映画をひたすら熱意をもって薦めてくれたのだった。まるで明治末期の早稲田の教室で、佐々木喜善が柳田國男のいる教壇につかつかとやってきて遠野の民話を語ったように。まさか、その後一二年以上にわたってこの作品について考え続けることになろうとは、そのときはまったく予想もしていなかった。

よい作品の条件とは、触れるたびに新しい発見があることだ。一度だけで十分ならそれは情報として消費したにすぎないし、奥行きがないとも言えるだろう。宮崎駿の作品は立方体のようで、切り口によってその断面のかたちは毎回異なる。しかし、どのように切り取られてもそれに耐えうる強度を持っている。論点が豊かで、見えない暗喩（語られない記憶）につねに溢れていた。

授業での問題意識、取るべき立場や解釈は毎回異なっていたし、そのときどきの学生の興味関心、社会で起きている事件や気象天候などによっても、学生とわたしとの間で毎回異なる化学反応が起き、わたしたちはさまざまなところへ進んで／運ばれていった。気づきの論点が増えるにつれ、ひとつの映画作品を語るのにすくなくとも半年の時間を要したし、あるときは北条民雄の『いのちの初夜』を併置することによって、またあるときは吉本隆明の『アフリカ的段階』を、中沢新一の『精霊の王』や『縄文聖地巡礼』（坂本龍一と共著）を、そして柳田國男の『山の人生』を隣に置くことによって、作品の解釈は百面相の表情を見せた。畢竟《ひっきょう》、この本はいままでのそうした授業の航跡のひとつを示すということになる。そしてこれからもわれわれは議論し続け、そうすることで作品の相貌は異なり続けていくだろう。

よって本書の考察は学生のすすめにより始まって、その後に連綿と続く学生たちによってその都度考察が変容／アップロードされ、今日に至ったと言ってもけっして過言ではない。当然わたしひとりの創作に帰せられるべきものではない。

わたしはここでは学術論文の形式を借りずに、ただ思いついたままを雑然と並べ、提示する。学術論文を読むつもりで読み始めるといささか驚かれるかもしれない。

またこの文章ははじめから結論を目指して書かれてもいない。問題は出されたまま未解決のものもある。宮崎作品の完全読解などを謳《うた》うことははなはだ烏滸《おこ》がましい。そのような姿勢とむしろこの本は対極の位置にある。この本は作品と対峙したときにその瞬間瞬間立ち上がる問題群がばらばらなまま提示されている。

こうした文章の〈脈絡のなさ〉、言い換えれば近代的なコンテクスト（con-text＝テクストとテクストをつなぐ文脈）の拒否こそが、宮崎作品で語られる〈失われようとしている記憶〉や〈ひとつの歴史ではなく複数の歴史〉について叙述する重要な概念であり、記憶の形式は〈断片〉しか採り得ないわけだから、本書の形式もそれを借りなければならない。

本書の構成は、〈本文〉のほかに、〈本文〉への反乱可能性を秘めた〈注〉と、直接それらとかかわりのあるものとないものが同時併存的に含まれる派生的な〈キーワード集〉の三段から成っている。本書では作者（author）は権威（authority）を持たずに後退する。それぞれの役割に優先順位《プライオリティ》はなく、本来副次的な効果を期待されるべき〈注〉や〈キーワード集〉が〈本文〉よりも前景化を図ることもある。〈キーワード集〉は授業での議論の中から生まれた問題群であったり、わたしの音楽批評、文芸批評の関心のなかから生まれたものもある。

宮崎駿監督は自身の映画をエンターテインメントであると公言しているから、隠された符牒を考察することは必ずしも映画を娯しむうえでは必要のないことかもしれない。むしろ解釈を阻害してしまうこともあるだろう。しかし先述したように、ジブリ作品は一回性の消費物ではなく、何度観ても新しい発見があるからこそ面白い。本書では映画を複数回観ることを前提として、対位法のようにさまざまな〈声〉に耳を傾ける。作者にオーソリティがないことは先ほども述べたが、この立場から言うと、主人公以外の別の登場人物から物語が眼差されることもある。『桃太郎』を桃太郎の視点からだけでなく、鬼が島にいる鬼の視点や、犬、雉、猿、臼の視点から考察するように、その背後に伏流する輻輳《ふくそう》可能な他者の〈声〉の地下水脈（歴史の複数性や声の多層性）に耳を澄まし、その残響と変奏を聴き取ろうとするのが本書である。

教室ではわたしが一方的に「教える者」ではなかったし、学生も一方的に「教わる者」ではなかった。そこでは暗記するべき事項もなく、お互いにその場で知恵を絞り合い、プレゼンテーションをし、各人が主体的に思考した。ときに教師の意見に対しても生徒が疑義を呈し修正することもあった。わたしはそういうこと＝教師であるわたしの凝り固まってしまった解釈を生徒が斬新に塗り替えてくれることをつねに求めていたし、そこにはきっと「半学半教」の場があった。わたしたちは同権的に学ぶ者であり、むしろわたしは学生たちに教えられ、彼らとの議論を通じて思考はより練磨され、そしてこうしてようやく一冊の本にまとめられることになった。

映画やアニメーションにはまったく無縁で、細々と文学や音楽について執筆してきたわたしが、宮崎駿について語ることははなはだ不適格であるかもしれない。しかし、石をひとつひとつ積み上げては崩すように続けてきた地道な作業をこうしてかたちに残しておくことは、『千と千尋の神隠し』における千尋の髪留めが記憶を繋いでくれるように、豊かに記憶を結い留めて保証してくれるにちがいない。

この書物がジブリ作品の主人公たちのように外なる他者と新たに出会い、内部だけの論理にとどまらず、ナウシカのもとを離れるオデュッセウスのように思い切った旅を経て、読者の手元で新たな変化と成長を遂げますように。

ジブリの授業　目次

はじめに　03

1　千と千尋の神隠し――都市のアルケオロジー　13

千尋の〈歩行〉と移行する〈異界〉　13
繰り返される象徴的衣服交換と名辞の着脱――付与と剥奪　22
達成される自立――千尋の〈アイデンティティ〉をめぐって　25

キーワード集：比喩と隠喩――ハンセン病患者の記憶の保存をめぐって　30／不思議の町の無国籍性と多国籍性　34／銭湯から分かたれた姉妹　35／千尋に目を付けるリン　37／労働とアイデンティティ　38／言霊思想とアニミズム　40／死者の薫り　42／荒川修作の「養老天命反転地」と千尋の身体感覚　44／他者性の獲得　45

2　もののけ姫――越境する「もののけ」たち　49

イメージ・ボード『もののけ姫』　49

失敗する〈神殺し〉と達成される〈神殺し〉 52
「曇りなき眼《まなこ》で見定める」アシタカの第三の道 58
キーワード集：アジールのせめぎ合い 65／もののけ姫と血 67／エコロジー 68

3 ハウルの動く城――動く、壊す、キスし続けるということ 71

「動く城」のノマドロジー 71
エネルギー施設の爆発・廃炉、あるいは解体をめぐって 74
・コラム① エネルギー革命の階梯 76
「キス」するということ――〈家族〉の形成と解体に向かって 79
・コラム② ソフィーの作法――キスと脱構築する身体 82
キーワード集：中心と周縁 90／サリマンの夢見たもの 91／抑制される「火」93／文明生活を保証する「火」94／戦争に使われる「火」95／強調される王権批判――「火」の獲得とコントロールによって成り立つ王権 96／ナルシシズムとルサンチマン 97／ストーカー化 98／魔法と清め――掃除する身体 99／臆病と魔法――失うことの怖さから 99／ソフィーの変容、ソフィーが泣くこと 100／家族となるための通過儀礼 101

4 崖の上のポニョ――「空」から「海」へ　103

ノモスからピュシスへ　103
極小化されるノモスと極大化される母性的なピュシスの物語　104
ポニョというオノマトペ　108
リサからポニョへ――究極の他者との結びへ　111

キーワード集：インターテクスチュアリティ（間テクスト性）114／二種類の録音をめぐって　118／3Dを使わないこと　119／言葉の力　120／まれびととして津波を呼ぶ人面魚　121／生と死　輪廻・円環《ひまわり》する世界　122／ニライカナイ　123／家を出ること　124／場所のモデル　126／三人の未完成霊をめぐって　127

5 風立ちぬ――風は繰り返し吹き、そしてお絹さんは変奏し続ける　129

堀辰雄／堀越二郎／宮崎駿　129
小説と映画の結節点――病とセンシュアル　130

風立ちぬ／風は繰り返し吹く――風を撮り続けて来た工房スタジオジブリ　134
「風」と二郎のわからなさ――目に見えぬ風と閉塞する時代　136
官能的な夢と閉塞する現実――「ピラミッドのある世界」をめぐって　139
屈折する恋愛――「お絹」の変奏と残響をめぐって　141
男性たちと女性たち――日常の菜穂子からアキレス本庄のほうへ　143
菜穂子の役割――最後のスライド　来て／生きて　149

キーワード集：閉塞する時代1　世界恐慌から太平洋戦争開戦前夜　152／閉塞する時代2　軍部と財閥　153／閉塞する時代3　個人と国家　特高の存在　154／戦争と経済、「矛盾」する社会　155／呪われた夢　156／二郎のわからなさ　157／二郎の声　158／シベリヤを路傍の子どもたち三人にふるまう二郎　158／煙草を吸う二郎　159／「きれい」と「うつくしい」　159／二郎の恋愛――お絹の残響と変奏　161／二郎と本庄のプラトニック・ラブ――二郎を男性論理へ誘う者として　163／進歩主義者でアキレスを夢見る本庄と鯖の骨や小さくても亀になる道を夢見る二郎　164／風に加担していく「職業」と相克する「個人」――仕事・戦争の男性論理と日常生活の女性論理　165／母親のかたち　166／潜在するコンプレックスの解消――眼鏡をはずすこと　167／菜穂子への手紙、菜穂子の寂しさ　167／シンメトリー　相似形の構造　168／風の意味するもの　172／風が運ぶ恋愛　173／「はじまり」へと向かう「終わり」――『カリオストロの城』との相似　173／来て　来て　生きて――最後のスライド　174／いざ生きめやも　174

6 風の谷のナウシカ――蟲めづる姫君 177

第三の場所としての「風の谷」 177
蟲めづる姫君 180
表裏貼り合わせのふたりの姫 183
鎧を脱ぎ、女性論理へ向かうクシャナ 186
ペジテの男性論理と女性論理――アスベルの反転 188

キーワード集：着脱の対照 193／ナウシカとクシャナの相互補完関係 195／色の対照 196／男性論理と女性論理 198／母の抑圧 199／ギリシア神話のオデュッセウスとナウシカ 200／核技術の戦争利用と平和利用 204／火の存在 206／むき出しの「自然」とむき出しの「人間」の衝突 208／火の七日間とプロメテウスの火 209／分類不能の粘菌 210／森の人・熊楠 211／第四の位置クロトワ 212

あとがき 215

1　千と千尋の神隠し――都市のアルケオロジー（1）

千尋の〈歩行〉と移行する〈異界〉

都市が都市らしくある条件は、そこに選択肢がいっぱいあることだ。異なる価値観が見えるかたちであると言ってもいいし、〈反世界〉が組み込まれていると言ってもいい。（中略）古い町にあっていまの郊外のニュータウンにないものが三つある。一つは大木、一つは宗教施設、一つは場末だ。この三つには共通するものがある。世界が口を空けている場だということだ。（2）

都市の〈襞《ひだ》〉に刻まれた〈記憶〉を掘り起こし、揺り起こす作業をわたしは都市のアルケオロ

（1）archéologie（仏）考古学。事象（点）と事象（点）を連続化してとらえようとする〈歴史〉に対立する概念としてミシェル・フーコーによって提唱され、捨象された多義的でポリフォニックな声の断層を縦に掘り出そうとする手つきを念頭に、ここではこの用語を用いることとしたい。

（2）鷲田清一『京都の平熱』講談社　二〇〇七年。

ジーと呼んでいる。古来から坂道の形状は、〈坂の向こうにはなにがあるのだろうか〉という文学的な想像力を存分に育んできたし、谷の底は水が「それはかつてあった」[3]記憶を充填《じゅうてん》している。地下鉄は現在でも渋谷、四谷、茗荷谷と谷のつく場所で自然とその顔を地上に現してくるし、現在でもわたしたちは都市を衣服として纏《まと》い、その着脱を繰り返している。

こうしてわたしたちが土地の形状から識らず識らず身体的に嗅ぎつけている〈記憶〉、というよりむしろ都市を歩いている際、土地の形状そのものが〈記憶〉のなかの器官と化して内臓化されていく。鷲田の言葉を借りれば、「都市は、文化のさまざまな装置が集積している場所であ」り、「そうした装置がそこに生活するひとびとの身体ないしは感覚器官そのものと化している[4]」のである。

新興の埋立地のまだ〈記憶〉が充分に畳み込まれていない[5]土を実際に足で踏み均《なら》すとき、どこかでわたしたちがなにか言いようのない均質な感じを拭い去ることができないのはそのためである。というのも、そうした場所には埋立地であるゆえの土地の高低がほとんどないばかりでなく（すなわち記憶を収納する〈襞〉がまだ用意されていない）、きわめて合理的に計画され尽して作られていて、そこに無駄がないからである。わたしたちは近代的な二項対立概念のもとに、〈役立つもの〉と〈無駄〉とを厳密に区分し、〈無駄なるもの〉を極力切り捨てる。真っ直ぐに最短距離を計算して舗装された道路（そのためにはこの映画においても道祖神は本来あるべき場所から追いやられた）。厳密に〈無駄〉なく線引きされた個人の居住空間。〈だれのものでもない〉そして〈だれのものでもある〉めんどうで厄介な空間は都市から消失しつつある。都市は余裕を失い、もはや〈物語〉が発生する機構は喪失されかけているのである。月並みなことを承知で言えば、『ドラえもん』において物語が発生する場所は必ずといっていいほど〈空き地〉だった。子どもたちは知らず知らず〈空き地〉に集まってきて、のび太が土管のなかにいると声を掛けるのはジャイアンだった。現在では〈空き地〉というまったくもって〈無駄〉なスペースは排除されるばかりか、土管が不安定に三つも転がっている場所は子どもが遊ぶにはあまりに危険な場所として忌避されてしまうにちがいない。わたしたちが近代の眼差しで〈負〉であるとしか認識できないもの、それを取り除くことによってわたしたちの世界はより即時／直接的になってきている。わたしたちはこのようなアジール的空間[6]を失うことによって、余裕を失い、世界は逼迫《ひっぱく》している。あるいは中間を許さない明確な原理主義同士の闘いとなる。〈空き地〉というマージナル

（3）ロラン・バルト『明るい部屋』みすず書房　一九八〇年。
（4）（2）に同じ。
（5）たとえば舞浜は陸地と隔離された海上の人造孤島であるがゆえに、世俗の規範を無効化し、ディズニーランドは新しい〈記憶〉を繰り返し創出し続ける〈場〉たり得る。
（6）アジールとは世俗の権力が無効化する聖域のこと。網野善彦の『無縁・公界・楽』（平凡社一九七八年）において指摘があるとおり、公界においてはその対価として実際は辛苦な労働が課せられるのが通例であった。千尋が油屋で労働に従事するのもそれゆえであるかもしれない。アジール的空間は世俗権力と隔離された空間であったとしても、そこに新しい抑圧が存在しないかというとそういうわけではない。

な〈境界上の〉空間も畢竟《ひっきょう》そのような類のものであるにちがいない。こうしてわたしたちの〈トポス〉（場所、在り処、主題を示すギリシア語）は均一化の一途を辿り、グローバリズムという名のもとに〈世界の塗り替え〉が至るところで行われている。一面的な進歩史観のもとに〈無駄〉は容赦なく切って捨てられ、その意味でわたしたちの〈近代〉はもっとも成熟した瞬間をいま迎えていると言うことができるかもしれない。

「千尋、千尋、もうすぐだよ」

千尋が〈ニュータウン〉に引っ越してきた(7)ところからこの映画は始まる。一つの映画において最初に発せられる言葉が意味するところは頗《すこぶ》る大きい。千尋は、父親の運転する自動車の後部座席にただ凭《もた》れながら受動的な態度で臨む一〇歳のひとりの女の子なのである。引っ越しの花束にその体をうずめ、なにを考えるともなく身体は新しい場所へと運ばれていく。車の窓を開けると風が入り込んでくる。すなわちこの時点で「精霊の風」(8)が車内に入り込んでしまい、それまでア、い、い、スファルトの道路を快適に進んでいた自動車は、国道（国家が管轄する道路）を右に逸《そ》れてしまうことで、行くべき道をまちがえてしまう(9)。

（7）列島の乱開発によって道路わきに追いやられた〈記憶〉を象徴する道祖神が道路わきに点在して、そこから物語は開かれていくことになる。冒頭で千尋たちの車が右折を選ぶところの追分の道路標識には国道二一号線とあり、それを額面どおりに受け取るとするならば岐阜県の瑞浪市から滋賀県の米原市に至る旧中山道区間ということとなり、千尋たちの車は多摩ナンバーであるから、千尋たちは多摩地域から岐阜あたりに引っ越してきたことになる。しかしこれが実は国道二〇号線、『風立ちぬ』のサナトリウムのある長野県富士見町から諏訪、茅野にかけての甲州街道がモデルのうちのひとつではないかと推察している。というのもこのあたりは縄文海進期の文明先端地域で、井戸尻、尖石遺跡や道祖神など古代の記憶に事欠かないからである。千尋たちは世俗から切り放された空間に誘われ、道祖神から〈失われた記憶〉を読み込むことになる。いずれにせよここで場所を厳密に特定する必要はない。油屋内部が目黒雅叙園、〈不思議の町〉が江戸東京たてもの園（〈不思議の町〉の製作は韓国・中国のアニメーターにも委託されている）、海原鉄道が宮沢賢治の『銀河鉄道の夜』（宮崎監督自身も「あの鉄道の場面は宮沢賢治の『銀河鉄道の夜』の一つの答えになっていると思う」（『ロマンアルバム　千と千尋の神隠し』徳間書店　二〇〇一年九月）と述べている）に仮託したとしても、わたし自身は不思議の町から海沿いを走る電車を出雲の宍道湖沿いを走る一畑電車にその面影を重ねてしまうし、コハク川を出雲玉造温泉の中央を流れる玉湯川にも見立ててしまう。当然のことながら作品内の場所はひとつに限定されるべきものではなく、複数のイメージが重ね合わせられていよう。そしてこの映画で叙述されている空間そのものの性質も重層的である。

（8）中沢新一『精霊の王』（講談社　二〇〇三年）の「プロローグ」で、中沢は柳田國男の『石神問答』について触れながら、「どんな時間感覚の範疇にもおさまらない、まったく理解不能な存在」が発する「現代の私たちには正しく理解することはおろか想像することさえ困難な、異質な構造をした人間の精神からたちのぼる、不思議なノイズ」のことを「精霊の風」と呼んでいる。当然、〈ノイズ〉と逆説的に表現するのは、現代人の耳にとっては〈ノイズ〉＝〈無駄〉でしかなく、かつ認識できない音という意味を込めている。

千尋たちが踏み入れた道は大木に注連縄《しめなわ》がかけられているところで、そこを境界線としてそれまで舗装されていた道路は舗装されていない道ならぬ道へと切り替わる。大木の下に打ちすてられた石の道祖神の一群がある。道祖神とは村の境界にあって共同体の外部からやってくる疫病やその他諸々の災厄を防ぐために設置されたものだが、すなわち今後のストーリーにおいても道祖神の存在するところは境界として作用していくことになる。ここで強調したいのは、境界は複数存在するということである。

そしてこの冒頭の部分で言えば、道ならぬ道、すなわち舗装されていない道へと千尋たちが入ることは、世俗の力の及ばない圏域に千尋たちが招き入れられたことを意味する。案の定、文明世界の象徴たる〈自動車〉はその侵入を、道の中央に鎮座する石像の存在によって拒絶されてしまうのである。

トンネルというふたつの世界を結ぶ象徴的な通過点に石像は存在して文明世界の利器の侵入のみならず、そこでは近代的思考までもが剥奪されてしまうと言ってよい。石の祠の存在について尋ねる千尋に対して「神様のおうちよ」とそっけなく答え、風の音に対しては「風鳴りでしょ」と紋切り型に答えてしまう母親の近代的な理性そのものが剥奪されてしまう。そしてそうした思惟のなかには、現代のわたしたちが往々にして陥ってしまう〈意味の獲得〉によってものの本質を獲得できるとする誤謬、いわゆるロゴス中心主義的[10]なものへの批判も多分に含まれている。トンネルの〈向こう〉すなわち現実世界の権力の及ばない〈異界〉へと足を踏み入れることで、

〈世俗〉での規範はすべて無効化する。

ちなみに石像は〈トンネルの手前〉に点在しているほかに〈トンネルの向こう〉の川辺などさまざまに配置されている。〈トポス〉は副在化していて、空間が多層的に、しかも組み替え可能に区切られている。いやさらに言えば区切られること自体が巧妙に拒絶されている。『となりのトトロ』（一九八九）において森の精霊であるトトロとの邂逅《かいこう》は、〈日常〉と〈異界〉というきわめて明快単純な線で区切られた作品構造であったのに対して、『千と千尋の神隠し』(11)は物語形式が物語内容に一致している点において前進している。こうした二項対立的な世界構造はことごとく骨抜き（無効化）にされるように作られていて、簡単に〈世俗〉と〈異界〉とを区分することはできない。すなわち油屋は〈異界〉であって〈日常〉でもあるように多重構造化していて、『千と千尋の神隠し』という物語の構造を〈日常〉と〈異界〉というように単純明快なふたつの

（9）栗原康は「自然の抑止力」（『エコロジーとテクノロジー』岩波書店　一九九八年）において、アスファルトのハイウェイで車を走らせればスピードは出すことができるが自ら負のフィードバックをかけなければならない。逆にでこぼこ道であればおのずとスピードが抑制される。このような自然からの情報の多様性すなわち環境刺激や生物間相互作用などの「自然の抑止力」を現代は二元的な〈負荷〉と認識して除去しつつある、と警鐘を鳴らす。

（10）**logocentrisme**（仏）ジャック・デリダがヨーロッパの近代形而上学を批判するために用いた用語で、ロゴスを心理一般の起源とし、終着の場とする立場のこと。

（11）『千と千尋の神隠し』宮崎駿監督作品　二〇〇一年七月公開。第五十二回ベルリン国際映画祭金熊賞（二〇〇二年三月）。第七十五回アカデミー賞長編アニメーション映画賞（二〇〇三年三月）。

構造に峻別することはもはや難しい[12]。基本的に古典的な物語構造は、浦島太郎や桃源郷を例に挙げるまでもなく、或る日〈異界〉を経巡った主人公が〈日常世界〉に帰還したときにはじめの状態とは変貌を遂げているといった類のものがほとんどだが[13]、本映画において話はそれほど単純ではない。油屋は異界であり続けることをも拒絶されていて、油屋そのものがあっさりと骨抜かれてしまうのである。

たとえば、油屋ははじめこそ千尋にとっては充分〈異界〉として機能していたが、千尋は〈千尋〉と名乗ることができずに〈千〉という新しい名前を与えられ（名前の衣服交換）、自己を失いかけた状態でハクをはじめとする〈他者〉の存在の認識と労働に自発的に従事することによって、油屋はすでに千尋にとって〈異界〉ではなくなってしまい[14]、むしろ銭婆のいる沼の底が漸次異界化する。

ジル・ドゥルーズ[15]が現代音楽――とりわけピエール・ブーレーズ[16]とマルセル・プルースト[17]の関係――の構造的戯れを力説したように[18]、点と点はあらゆる時間、あらゆる方法で組み替え可能、くり替えが可能で、そのたびごとに、さまざまなはかりでもってその関係を計測し直さねばならない。まさに本章のタイトルのように、〈連続〉ではなく〈非連続〉、〈歴史〉ではなく〈アルケオロジー〉なのである。現代音楽が調性のフィルターから離れることで音の主従関係から逃れて、もっと言えば〈音楽〉という呪縛からも逃れて、〈音〉と〈音〉の関係をそのたびごとに測らねばならなくなったのと同様に、この映画における〈空間〉は副在／伏在化しあっていて、それらをその場面ごとに測りなおさねばならず、そのひとつひとつの作業を省くことはできない。空間は常に立ち上がるごとに骨抜きにされてしまうのである。(19)

千尋はその象徴的人物だ。彼女の〈歩行〉とともに〈異界〉は移行する。彼女は魔女のような湯婆婆のいる油屋すらも〈異界〉ではなく骨抜きにさせる。ハクを吐かせ（ハク／白／剥ぐ／吐

（12）息を止めながら渡らなければならない不思議の町と油屋を結ぶ橋のほかにも、ハクと千尋が最初に身を潜める油屋の坪庭など、屋内に取り込まれた〈外〉や、内部と外部の関係性も輻輳《ふくそう》化している。

（13）同様のことを古典期のクラシック音楽に当てはめて述べるなら、〈Aパート〉のあとに〈Bパート〉が展開し、また〈Aパート〉に戻るのだが、そのときにはたとえ同じ旋律を繰り返しただけであったとしても、一度〈Bパート〉を経てしまっているゆえに、変質して聴こえてしまうようなものである。

（14）「そこに住んでいる人たちにとっては、自分たちの世界なんです。だから魔物が住んでる全部が異常なところという風にはしたくなかった。」（「宮崎駿監督インタビュー」『ロマンアルバム　千と千尋の神隠し』徳間書店　二〇〇一年九月）

（15）ジル・ドゥルーズ（一九二五―一九九〇）フランスの哲学者。

（16）ピエール・ブーレーズ（一九二五―二〇一六）フランスの作曲家・指揮者。

（17）マルセル・プルースト（一八七一―一九二二）フランスの小説家・批評家。

（18）Gilles Deleuze,Occuper sans compter:Boulez,Proust et le temps.'Deux Régimes de Fous–texte et entretiens 1975-1995' Les Éditions de Minuit,Paris 2003

（19）いまご覧になられているこの章も本来副次的な役割を期待されるべき〈注〉が前景化を図ることがある。

く)、カオナシを吐かせ、彼の存在がどんなものであるにせよ、原始の状態に復元させる[20]。近代において鉄道が新しい〈記憶〉と〈風景〉の発見を促す〈異化〉のための装置であったように、千尋の乗る鉄道の轍とともに境界線はリアルタイムに移動してゆくのである。

繰り返される象徴的衣服交換と名辞の着脱——付与と剥奪

〈異界〉においてまず思考を剥奪された千尋の両親は、皮肉なことに〈異界〉のものを口にすることによって〈異界〉での市民権を得ることになる。そして店主がいないにもかかわらず、〈あとで支払えばいいだろう〉と勝手に自己判断して食べものに手をつけてしまう礼儀を失した千尋の両親は、その時点で〈礼儀のモード〉に組み込まれてしまい(礼儀に重きを置かないということは自らがそのモードに取り込まれることを容認することである)、その容姿を豚へと変えられてしまう。

〈異界〉のものを口にしなかった千尋はじきに市民権を失い、そして石像の据え置かれた波止場で蹲《うずくま》りながら、「夢だ、夢だ、消えろ、消えろ!」としゃにむに口にするが、そのことによって実際に千尋の〈身体〉は透明化していってしまう。この異界においては〈ことばの効力〉が絶対である。この映画では言霊思想が徹底されていて、最初の橋での出会いの場面で(橋も当然境界域として作用する。ゆえに息を止めなければならない)、「じきに夜になる」とハクがことばを置いたそばから空は暮れ始めてしまうし（まるでハクがそう言ったから日が暮れ始めたかのようである）、動かなくなった千尋の脚に、ハクがまじないをかけると千尋の脚はたちどころに治ってしまう。そもそもまじない自体がことばの力であり、したがって千尋が「ここで働かせて下さい！」と執拗に言い続けるかぎり、そのことばの効力は持続して、湯婆婆でさえ千尋にいっさい手出しをすることができない(21)。

ゆえに〈世俗〉の規範から隔離された〈異界〉へと足を踏み入れた千尋は、まず名前という衣装の剥奪の洗礼を受けることになる。〈異界〉においては〈千尋〉と言う現実の名（はたして現実の名などあるのだろうか？）を名告《なの》ることはできず、名前の一部を剥奪されて〈千〉と名告ることになる。そしてことばの効力に重きを置く世界だからこそ、労働契約の際には契約書にサインをすることに湯婆婆は当然固執するのである。しかしその名前を幼い千尋は恐怖のあまりかつい書き誤ってしまっていて、〈荻野千尋〉となってはいないことに注意しなければならない。ゆえにその契約は最後のところで成立しておらず、失効していることになる。〈千尋〉が〈千尋〉

(20) カオナシが最後の最後まで吐くのを我慢し続けて、千尋が油屋を脱出して沼の底に行くのを追う（ストーキングする）ときに、ようやく水辺に吐き出した蛙のくだりは、そこに人間中心主義に依拠しない、本来あるべきところに戻すのだというエコロジーの発想を読みとることができるかもしれない。

(21) 宮崎監督は「言葉は力である」と語り、「言葉は意志であり、自分であり、力なのだということを、この映画は説得力を持って訴えるつもりである」と語っている（宮崎駿「不思議の町の千尋―この映画のねらい―」『ロマンアルバム　千と千尋の神隠し』徳間書店　二〇〇一年九月）。

をぎりぎりのところで失わない所以もそこにある。その状態のまま千尋は〈私服〉から〈女中服〉という制服（「私」が「私」であることをまだ取り戻さない内面の象徴として、職業衣服である女中服を千は与えられる。エミール・デュルケーム[22]が言うように、現代社会においては「職業」こそが内面を規定するアイデンティティであり、冒頭の受け身の千尋には妥当な衣服なのかもしれない。ユニフォーム（uni-form）とはまさに〈職〉を前面化し〈個〉を後景化させるものとしてうってつけのものである）へと表装的にも衣服交換を行い、ようやく油屋での市民権を獲得する。

ゆえに〈千尋〉という名前を恢復《かいふく》したときこそ、また女中服を脱いで私服を着るときこそ〈ハクが千尋に四季が混在する花畑で、帰るときに要るだろうとわざわざ綺麗に畳んでとっておいてくれた私服を手渡すのは、帰還のためには〈私服〉は千尋が自己を恢復した象徴として必要だからである〉、千尋が自らが何者であるかを知り、現実世界の帰還へ近づくことができる明確な〈しるし〉なのである。ではその恢復が、何によって、どのように達成されるのかという件については次節に譲ることにしよう。

このように、伏在／重層／多奏化していくポリフォニツクな〈空間〉のなかで、そのくくり替えが行われるたびに、呼応するように厳密に行われる儀式が衣服や名前の〈交換〉なのである。そしてここまで述べてきたように、衣服やことばはこの世界においてはその内面までをも規定する。それは千尋が釜爺のボイラー室で、ハクが銭婆のところから盗んだ印鑑につけられたまじないのたたり虫を踏みつけてしまったときに行われる〈エンガチョ（穢／縁を切ること）〉にも顕著だ。こちらの世界では所作も重要な意味を帯びている。わたしたちの近代的理性では、そのように言葉を発しまた所作をしたからといって、そのような形式そのものには十全の重きを置かないが、この世界ではそのように言葉を発し所作を行うことが、その効力を十全に保証するのである。

このようなアニミズム的世界観はこの映画では徹底されている。油屋に汗を流しに来るのはまさに森羅万象が神格化した八百万の神々である。この映画は現代に失われつつある古代の〈記憶〉を道端に打ち捨てられた道祖神から読み込む一種の都市のアルケオロジーとでも呼ぶべきものだ。

達成される自立――千尋の〈アイデンティティ〉をめぐって

近代の言説においてアイデンティティは常に過去や未来と結びつけられてきた。それは架空の亡霊であるというようなことを、エドワード・サイード[(23)]が表明しているが、わたしたちはいまだ

---

(22) エミール・デュルケーム（一八五八―一九一七）フランスの哲学者、社会学者。
(23) エドワード・サイード（一九三五―二〇〇三）アメリカの批評家。音楽にも造詣が深く、ダニエル・バレンボイムとの対談などがある。

にアイデンティティが自らの〈外〉に存在し、〈自分捜し〉という名目を掲げて、それを自分の〈外〉に捜しに行かなければならないような言説に囚われている。たしかに過去の〈記憶〉や未来の〈イメージ〉に自らのアイデンティティを符合させるのはたやすい。しかし、〈わたし〉は〈わたし〉の〈外〉には決していない。また〈わたし〉は〈わたし〉の〈内〉にもいない。インターネットにつないだパソコンの画面を更新するように、明滅する主体こそが〈わたし〉である。〈わたし〉は〈過去〉にも〈未来〉にもいない。そしてアイデンティティなどというのも幻想である。

千尋が千尋であることを恢復《かいふく》した際にも、決して千尋の視点は過去や未来を向いていたのではなかった。千尋は自分の父親や母親が豚になってしまっていることをも半ば忘れかけていたし、ハクと一緒に帰還しようなどとも考えていなかった。千尋が千尋を恢復したのは、まさに自らの裡《うち》に〈他者〉を感じ、そのための自発的な行動に従事することで（もはや「従事」ということばすらも不適格だ）、自らを逆照射したからにほかならない。それは少女にとってはまだ愛とも呼べないものだったかもしれない。(24) しかし、冒頭でひたすら受け身だった一〇歳の少女は、みるみるうちに自発的になっていく。傷ついたハクに苦団子を食べさせる際、牙のあまたある口に手を入れることも愛するハクのためには辞さないし、銭婆のいる沼の底に行くときも千尋は決して危険を避けようとはしない。はじめはしっかりすることができなくて湯婆婆やリンに注意された挨拶や礼儀も、〈物語〉が進むにつれて、千尋がしっかり身につけていくことには注意すべきである（最後の別れで「フンっ」と負け惜しみしか言わない湯婆婆とは対照的だ）。こうした〈他者〉を前提とする礼儀や愛情を通して、千尋は〈他者〉を認識する。他者を認識することはすなわち自身を認識することである。〈外部〉が意識されないと〈内部〉が意識されず、また〈連続〉の概念は〈切断〉によってこそ明らかになるのと同じように、〈自己〉を認識する際に〈他者〉の存在は欠かすことができない。千尋は〈他者性〉を獲得したゆえに自らが何者であるかを知りえることがようやくできたのである。『千と千尋の神隠し』とは、千尋が千尋であることを確認するストーリーであったといっても強ち過言ではあるまい。

こうして千尋は〈自立〉を達成し、(25) そしてそれは千尋が帰還するための前提条件だった。一方、ハクも自らが何者であるかをようやく千尋という〈他者〉によって取り戻したのだが、前述のようにその川は開発のためにいまでは暗渠《あんきょ》となってしまっていて、人々の〈記憶〉から失われてしまっている以上、もはや彼は帰還することができないのである（ここではじめに荻野家が乗る自動車のナンバーが多摩ナンバーであったことの意味がようやく明らかになる）。彼は千尋の〈記憶〉以外に生きる〈場〉が用意されていないのである。それもいつしか消えてしまうことの

(24) 宮崎駿監督は『ユリイカ 詩と批評 宮崎駿〈千と千尋の神隠し〉の世界』臨時増刊号（青土社 二〇〇一年八月）のインタビューにおいて、釜爺の「わからんか、愛だよ、愛！」というせりふをちゃんと言ってくれるのは菅原文太しかいないという鈴木敏夫プロデューサーの意見に従ったと述べている。

であろう。都市はそのようにして新陳代謝を繰り返し、その襞《ひだ》に新たに〈記憶〉を書き込まれたり、消去されたりしてきた。なかったことになってしまった〈記憶〉や失われた〈記憶〉、改ざんされた〈記憶〉も多々あるなかで、コハク川もそのうちのひとつとして、存在したことすら人々の〈記憶〉から剥がれ（ハク／剥ぐ）落ちてゆくかもしれない。コハク川は存在しなかったことにすらなるかもしれない。それは千尋の〈記憶〉からさえも失われないとは限らない（千尋はラストシーンで神隠しに遭ったように呆然としていた）。それは、物語において最後に〈境界〉のくくり替えが行われて（道祖神の顔の片側が消失して、同時に異界も消失して）、橋を渡るときには息を止める約束を守れなかった千尋がハクの「振り向かないで」（トンネルを出るまでは）という言いつけを今度こそきちんと守り、現実世界へ無事（ぶじ／ことなく）帰還したあとに、銭婆とカオナシが〈他者〉のために編み上げてくれた千尋の後ろ髪を束ねる紫色に光る髪留めのみが千尋とハクの〈記憶〉を束ねるであろう。

（25）その他にもこの映画では二つの〈自立〉が達成されている。まずはカオナシの自立である。千尋の歩行は先述したように〈骨抜き〉の歩行であり、彼女の軌跡はその通るところのあらゆるものを吐かせ、原初の状態に復元し、その自己認識を助け、執着を解体してもいる。カオナシはそれ自身では実体を持つことのできない〈欲望〉そのものの表象である。さまざまにカオナシのモデル特定が行われているが、わたしはカオナシは人物の表象というよりは〈欲望〉の表象とするほうが相応しいと考える。なぜならバブル的な空間（千尋のお父さんは物語の冒頭でトンネルの奥の世界を「きっとバブルの時に建てられた建物の残骸だよ」と述べている）である油屋において、カオナシは錬金術によって金融緩和を行い、油屋に欲望が発生するときのみ彼は姿を現すからである（貨幣は記号＝土くれであることがのちに語られる）。沼の底に向かう列車で千尋によってすべてを吐き出しもとの状態に復したカオナシが、千尋の言いつけをよく守って律儀に大人しくしていることは、〈欲望〉それそのものは必要であり、適当なかたちで自分で飼いならしさえすればうまくつきあうことができることの隠喩であろう。また彼は自分自身の声を持っていない。実体を伴わないゆえに、〈他者〉を無視して〈他者〉をまるごと呑み込むことによってしか声を獲得することができない。〈欲望〉が〈欲望〉を、あるいは人をも呑み込むことによって肥大化することの隠喩であろう。イデオロギーは匿名的なものだからこそ、個の成立しないところにこそ浸透しやすい。カオナシは〈他者〉を頼り、千尋を頼り、沼の底に向かう千尋をどこまでも追いかけ、銭婆のところでようやく〈他者〉のための編み物に従事することで千尋から独立して、沼の底に残る決断をする。

もうひとつの自立を達成したのは坊である。坊はいたずら好きで、母親である湯婆婆を頼り、かつわがままで困らせる赤ん坊だが（父の存在は最後まで語られない）、無菌室のような時間を完全管理されている安全地帯にいる彼は、千尋との表《おんも》の冒険によって血の穢れを纏《まと》い、銭婆によってその姿をネズミに変えられ（母親に認識されず、そのことによって関係性が切れ）、沼の底に向かってからというもの、千尋が肩に乗せてくれるという誘いを断り、ネズミの小さい足ででも自分で歩くことを頑なに選択する姿勢に坊の自立は象徴的である。そして最後の場面では湯婆婆から精神的にも自立を果たして依存せず、またこのことは湯婆婆を驚かすことにもなるが、肉体的にも二足歩行を覚えて自立を達成する。一方、対照的に湯婆婆の自立は最後まで達成されない。

比喩と隠喩──ハンセン病患者の記憶の保存をめぐって

クサレ神が登場する一連のエピソードには表層上の比喩と隠喩が重層的に貼り合わされている。説話類型としては、だれもがその見た目から相手にしないであしらった、共同体の外から来たマレビトが実は神（この映画の場合は翁）だったという説話、あるいは親切にした者には水を与え、不親切にした者にはその土地の水を枯らせる弘法大師説話のような蘇民将来型枠組みを採用している。

まず直接的な比喩として表層上で語られているのは自然（川）の汚染の問題である。

このとき千尋がクサレ神の姿で現れた川の神のお世話をする過程で気付いた、胴体にナイフが刺さって出来た傷は、人間による自然破壊によって川が背負った深刻なダメージを表している。突き刺さるナイフと、傷を塞ぐ釣り針でその傷は表現され、自転車などの産業廃棄物とヘドロの堆積（クサレの由来）によって汚染が表現される。「ありゃあ名のある川の主だよ」と湯婆婆によって明かされ、油屋で精進落としをしてから「よきかな」と言って現実世界に帰還するときのその立派な胴体を持つ龍の姿から、クサレ神はたとえば利根川や信濃川のような大きな埋め立てられようのない川であることがわかる。

一方、同じ形状をした（ことが千尋によって眼差される）貧弱な龍であるハクは、引っ越しをする荻野家の車が多摩ナンバーであることからも、多摩ニュータウン造成過程で埋め立てられた、ほとんどのひとの記憶から（千尋の記憶からも）埋葬されているコハク川であった。だからこそハクは映画のフィナーレで千尋と一緒には帰還できないのである。ふたりで帰ればハッピーエンドの展開となりそうなところだが、「私はこの先にはいけない」とハクは川（三途の川）の先には進めない。「元の世界に私ももどるよ」（ハク）、「またどこかで会える?」（千尋）、「ウン、きっと」（ハク）、「きっとよ」（千尋）。その川が存在した記憶は人々が思い出すことによってしか、あるいはもう一度川を表に出すことによってしか（韓国・ソウルの清渓川《チョンゲチョン》のように）現実世界には帰還しえない。そこに川があったことを思い出すか否か、あるいは川を復活させるか否か、川がなかったことになってしまうか否か、それらの行為はわたしたちにこそ問われている。


他方、隠喩として輻輳《ふくそう》的に語られているのは「ハンセン病患者の記憶」である。

油屋のみなから「ク、クサイ」「おかえり下さい」と避けられ、引き取ってもらおうとけしかけられるクサレ神。油屋玄関の屏風には「回春」（熊本にあったハンセン病施設）の名がしっかりと刻印されている。この場所がハンセン病患者の方々の記憶をとどめる場所であることが明示されているのである。ここに来た者は必ず源氏名（たとえば千尋→千）に名前をまず変えなければならない。それはハンセン病患者の方々が、その兄弟などが結婚差別などを受けないように家族親戚から縁を切り、姓名を変えなければならなかった記憶を保存していよう。それは「エンガチョ（縁《えん》／穢《えん》）」の所作のところにも表れているかもしれない。彼らが縁を切られたり、不当に避けられたり、そうした記憶をも内包していよう。

またクサレ神が薬湯を浴びる場面は、エンドロールに草津温泉の名がしっかり明記されているように、彼らが草津温泉に集まって療養したり、ときに幽閉された記憶を保存していよう。大湯において薬湯を千尋が注文するときのロープが首掛け縄のような形状をしていることも気にかかる。なぜあのような形状のものにしなければならなかったのか。そこにハンセン病患者の方々の苦難と社会との闘いの記憶があったのではなかったか。

わたしが東京の多磨全生園を訪れたとき、患者の方々は宮崎監督が『もののけ姫』と『千と千尋の神隠し』を作っていた時分、ほとんど毎日のようにここを訪れ、また『千と千尋の神隠し』の先行上映会を入所されている方々の前で行って、「これはあなた方の映画です」と語ったとおっしゃられた。詳細にどの部分がどのようにモデルとされているかについては、ハンセン病患者の方々も宮崎駿監督自身も語ってはいないが全生園とハンセン病のことについては宮崎駿監督自身が『折り返し点　一九九七――二〇〇八』（岩波書店　二〇〇八年）において書き記している。直接的に描くことが誤解されて新たな差別にもつながりかねないため、このような隠喩の形式を崩していないが、『もののけ姫』においてエボシ御前が大切にする、包帯を巻いた人々はあきらかにハンセン病を患った方々であるし、エボシを徹底的な合理主義者に描く一方でその勧懲を二項対立的にはけっして描かずに、「その人はわしらを人としてあつかって下さったたったひとりの人だ」（長《おさ》）と発言させている。徹底的な合理主義者であり、科学主義者であるエボシにとっては、いままで不当な扱いをされ、不当に差別されてきた誤解（業病である、遺伝する、伝染力が強いという認識）が正しいものではないとわかっていたのかもしれない。そして千尋自身もおそれずに実際に近づいてみたら、この神がクサレ神などではなく、心に深い傷を負った貴い存在だということを知ったのである。

そして『千と千尋の神隠し』が封切りをされた年の二〇〇一年五月一一日は、熊本国賠訴訟でハンセン病患者が国に対しての勝訴が決定したときであり、この「回春」（熊本のハンセン病院）の符牒は宮崎駿監督なりのハンセン病の国家裁判に対する応援であったとも考えられるだろう。

このようにこの説話類型の表裏にはさまざまなかたちで比喩が重層的に襲ね合わされて機能しているのである。

◇参考にすべき教材例

・北条民雄『いのちの初夜』（一九三六）

・松本清張『砂の器』（一九七三）

不思議の町の無国籍性と多国籍性

不思議の町の国籍は不明である。技術的には日中韓のアニメスタジオに作画を依頼していることが直接的な理由だが、その意図は「なつかしさ（ノスタルジー）」なるものを安易に国籍と結びつけさせないためともいえそうだ。ナショナリティの枠組みを外した（そもそもナショナリズム自体が新しい匿名のイデオロギーだから）、人類の古層のなつかしさこそを探ろうとしたのである。そもそもアニメ自体カプローニ（『風立ちぬ』）が日本語を途中から話しても違和感がないようなメディア特性を有しているし、『ハウルの動く城』ではキングスベリーなどイギリス的と思われつつ、しかし菓子屋の棚にはドイツ語とフランス語で文字が描かれるし、『崖の上のポニョ』ではブリュンヒルデ、赤毛、家具などが北欧的と思われつつ、一方で日本の鞆の浦とも思われる風景が併記して描かれる。宮崎アニメのほぼすべてにおいて特定の国籍性は外されている。無調音楽がその切り取る部分によっては、特定の調を排して調から調へと自由に遷《うつ》ろう多調の音楽となるように、無国籍性とは多国籍性につながりうる表裏のものである。

過去や未来は捏造されやすい。たとえば「武士道」は新渡戸稲造が言いだしたことで、江戸時代にまったく同じ概念は存在しない。最近喧伝される和食の生食文化も、冷蔵保存技術の発展した一九六〇年以降に一般家庭でも光物を刺身で食べられるようになったわけで、ごくごく最近の歴史である。新しい文化が悪いわけではないが、このようにわたしたちがひとつの捏造され後付けされた安直なアイデンティティでまとめあげられることには警戒しなければならないし、歴史はこのことでいつも誤りを繰り返してきた。宇宙飛行士の毛利衛が言ったように、宇宙からは国境は見えなかったのであり、宮崎監督においても国籍は結びつきにおいて障害とはまったくならない。

ジブリ最大のテーマはもし一言で言うならば「究極の他者との結び（血縁・地縁関係を排した究極の他者との結び）」である。

銭湯から分かたれた姉妹

湯婆婆と銭婆は「銭湯」から分かたれた双子の姉妹である。ゆえに湯婆婆は銭が名前から剥がれた結果、油屋において水には不自由しないけれど銭に執着する。それは彼女が拾った砂金を従業員から巻き集めようとしたり、宝石の数々を鍵付きの宝箱に入れて蓄財しようとする姿勢にも表れている。彼女はハイパー資本主義的な空間である油屋にいて、資本者階級としてもっとも上位（エレベーターには「天」とあらわされている）に君臨して蓄財する。蓄財とはマックス・ウェーバーの言葉を借りれば、不死や安定を得るためのものである。一方、もっとも下位に位置するボイラー室で、油屋全体のエネルギーを生産している労働者階級であるススワタリ（「いくらでもかわりはおるわい」〈釜爺〉と労働の代替可能性が語られる）と釜爺は対照的で、特に釜爺は「いもりの黒焼き」「使い残りの切符」「薬湯」を千尋に惜しげもなく贈与する。

一方、銭婆は名前に銭を有することから銭に執着はしないけれども水に執着を示す。たとえば印鑑を盗みに来た川の精霊であるハクに執着してその後を追って、式神の姿で水辺たる油屋に忍び込む。彼女が住んでいるのは「沼の底」であって、そこではしずかに水がたたえられている。そして「ホラ　あの人　ハイカラじゃないじゃない」と湯婆婆と双子であることの告白や姉妹のコントラストが本人の口から語られる。

比較できるエピソード

夏目漱石（本名・夏目金之助）は、この日に生まれると大泥棒になると言われた庚申の日の二月九日に生を受け、家族がその迷信を避けるために、名前に金の字を付したことは有名な話である。名詮自性（名が自らその性質を表す）はもちろん言霊思想に立脚する。漱石は成人後もお金のトラブルにかかわり続け（たとえば養父から金銭を請求される問題を抱え）、また没後は自身が紙幣になるにいたった。

＊マックス・ウェーバー（一八六四―一九二〇）ドイツの社会学・経済学者。『プロテスタン

ティズムの倫理と資本主義の精神』では資本主義の成立・発展にはプロテスタンティズムの勤勉の精神や合理主義が深く関わっていると説く。

千尋に目を付けるリン

リン（燐）とは鬼火のことである。彼女の表象を考えれば狐の鬼火と解することもできよう。実際、彼女の油屋での存在感は独特である。「おれ、あの町へいくんだ。こんなところ絶対にやめてやる」と彼女だけが油屋の外すなわち鉄道が向かう海の涯《はて》＝根の国であるニライカナイを指向する。彼女が自らを「おれ」と呼ぶ人称自体も独特だが、釜爺がいっさい抵抗できないのもこのリンに対してだけである。彼女だけは千尋に最初の段階から目を付けて、他の人物たちの前では冷たくあしらうけれども実際には手厚く世話を焼く。リンの後ろにはいつも「葬儀」「こけし」などの記号符牒が配され、千尋を箱舟のような丸い樽木に乗せてギーゴギーゴと漕ぎながら、六番目の駅（六道）に送り届ける。彼女が釜爺から贈与された「いもりの黒焼き」は千尋を六道に送り届ける死神としての力を増幅させる役割を果たすと解釈することもできるだろう。

労働とアイデンティティ

千尋のアイデンティティが恢復《かいふく》したひとつの契機に、労働参画がある。千尋ははじめは両親の車の後部座席に身をうずめ、引っ越しも親の言うまま為すままに、しかし不平（ルサンチマン）だけを内部にため込んでしまうただただ受け身の少女であった。

千尋はボイラー室で労働災害・労働事故に直面したススワタリの代役としてデビューする。すなわち炭をボイラーに運び入れることによってはじめて彼女は労働に参画し、その仕事によってススワタリたちに認められた。その後、ススワタリたちは千尋の記憶の恢復のための靴と衣服をきちんと彼女のために取っておいてくれるのである。

次に、油屋でのサービス業従事においては、従業員からもっともいやがられる客である「クサレ神」の世話をひとりで成し遂げることによって、油屋内での確固たる市民権を得る。そのときボイラー室や油屋はすでに彼女にとって異界ではなくなっている。

このように千尋は労働によって自らの立ち位置を固め、アイデンティティを恢復するための一歩を踏み出しはじめている。

フランスの社会学者エミール・デュルケームは、前近代においては「宗教」と「固定的身分制度」がおもに人々のアイデンティティを占めていたが、それらの力が弱まった近代（産業革命・フランス革命）以降においては、この二つが職業や労働にとってかわられたことを指摘している。人々にとってはどの階級に属するのか、あるいはどの宗教に属するのかが、宗教や身分制度が強固な力を持っていた前近代においては彼らの自意識のうちの幾割かを成していたことは想像に難くない。しかし現代においては、どんな仕事に従事しているのか、稼ぎがどれくらいであるのか、そのことによって他者からどのように眼差されているかが、人々のアイデンティティとなっている。ルネッサンス期などの総合的な能力を持った天才（ダヴィンチが画家であり、医師であり、設計家であったり、ゲーテが植物学者であり、作家であり、政治家であったりするような）の否定を目指した産業革命以後の近代の我々の姿であるのにはちがいない。

もちろんデュルケームの理論の応用だけでアイデンティティを考えるのは短絡的だし、労働だけがそれを担うものとは言えない。しかし労働が他者によって規定／評価されるわれわれのアイデンティティの一部であるとするならば、一定程度において千尋が他者によって認められたことは彼女の内なるルサンチマンを解消し、千から千尋への恢復の一助を担っているともいえるだろう。

言霊思想とアニミズム

トンネルの向こう側の世界では、自動車のような近代文明の産物は道祖神によってその侵入を許されず、千尋のお母さんのような近代人の認識の在り方も豚にさせられてしまう。トンネルの奥の世界では言葉こそが十全であり、「じきに夜が来る」とハクが言えば実際にあたりの景色は暮れはじめるし、「消えろ消えろ」と言った途端に千尋の靴と脚そして手は消えはじめる。ここで働くには言葉によって契約を結ばなければならないし、言葉による契約は絶対の有効性を保証している（契約書の乙欄には「荻」の字を千尋はつい書き誤って、「荻野千尋」となってはいないから、この契約は最終的には成立していない）。「働かせて下さい！」と千尋が言い続ければ、眠っていた坊が暴れだして湯婆婆であってもどうしようもできない状況が将来する。名づけることは自らの認識下に対象を置くことであり、また支配することでもあるわけだから、湯婆婆は千尋から名前を奪って千とすることで彼女を支配しようとする。

向こう側の世界は大根の精霊、川の精霊、カエルの精霊、ナメクジの精霊、春日さま、なまはげなどが来往する「八百万の神さま達が疲れをいやしに来るお湯屋」（湯婆婆）であり、多神教的でアニミズム的な空間である。言葉には絶対の効力が担保されて、言葉は必ず具現される。

比して、千尋のお母さんの事物の認識方法はきわめて平板である。千尋が気になっている風のざわめきを「風なりよ」（ノイズ）と一刀両断切り捨てる。千尋が道路わきの大木の裾に見つけたうち捨てられた古い来歴（江戸後期、明治以降の近代神道よりずっとさかのぼる由来）を持つであろう祠に関しては、「神様のおうちよ」と言って以降見向きもしない。引っ越しの別れに際して花束をもらった千尋が、その花が萎れていることに気づいたときも、「あなた、ずーっと握りしめてるんだもの」と合理的でつれない。

千尋がトンネルの前で両親のあいだに挟まれて（両親の顔は映さずに）、困惑の表情を見せるショットに彼女の無意識のこころのうちを窺い知ることもできよう。そしてこの合理的であるということをよく吟味したとき、われわれはソシュールの言うところの、シニフィアンとシニフィエの必然性を疑わない、言葉の記号性に無自覚的な転倒した近代的認識の在り方を再確認することができるかもしれない。すなわち本来記号はわれわれが了解しているからこそ成立しているものであり、シニフィアンとシニフィエの関係は恣意的である。たとえばわれわれの名前はいくつかの可能性のなかからひとつが選ばれたはずだし、「机」もつくえでなければならないなら、アメリカ人は「デスク」、フランス人は「ビューロー」、ドイツ人は「ティッシュ」と異ならずに一様に「つくえ」と発音されるはずである。そうしてわたしたちは生まれたときに名づけられることによって社会性にからめとられ、人間の法（ノモス）を獲得し、そして支配される。だからこそ『崖の上のポニョ』では「ポニョっとしてるし」（宗介）と彼女の命名の来歴が語られ、ノモス（人為、人間的な規範）とピュシス（手つかずの自然）のあいだ、すなわち魚と人間のあいだのポニョの中間的立ち位置がオノマトペによる命名というかたちで説明される。オノマトペや方言など個人的・土俗的体臭の残る言葉はいままで理念の言葉としての共通語（中央語）からは差別されつづけてきたのである。

その意味で、千尋のお母さんの精神構造は言語による認識で思考を終了させてしまうようなきわめて無駄のない、他の解釈を許さない平明なものであり、そこに記号的なざわめきや揺らぎ、ノイズを彼女は一切感じ取ろうとはしないのである。

＊フェルディナン・ド・ソシュール（一八五七―一九一三）。スイスの言語学者。

死者の薫り

千尋が幼いとき、コハク川で溺れかかったところをコハクが浅瀬にひろって助けてくれたわけだが、その経験は映画の中で何度も千尋が水に包まれることによって追体験される。また千尋は溺れたときの記憶を思い出すために、何度となく靴の着脱を繰り返し、カメラは幾度となく靴をクローズアップし続け、またそのためにススワタリは靴をだいじに預かってもくれる。千尋から千になって、私服からユニフォーム（制服、女中服）に衣装替えが行われるときもその足もとは変わらない。多少コーディネートが浮いても油屋での和装に黄色のスポーツシューズ姿は継続され、だからこそ千尋の記憶の恢復《かいふく》の契機はつねに用意されている。

溺れたことだけでも千尋に死のイメージ（あるいは死にかけたイメージ）が継続して付されるのだが、この油屋のまわりを流れる川を三途の川と規定するならば、水が覆《おお》ってしまって帰り道が無くなってしまった向こう岸の世界は常世《とこよ》や根《ね》の国、ニライカナイと設定することもできるし、三途の川で衣服（千尋の私服）を剥ぎ取る湯婆婆の存在は、芥川龍之介の『羅生門』において羅城門という京都のウチとソトの境界線上にいる老婆すなわち三途の川において衣服を剥ぎ取る奪衣婆《だつえば》に比定することもできるだろう。また、多くの経験をして疲れ果てて眠ってしまっている千尋にそっと座布団をかけてあげる釜爺の存在を三途の川で奪衣婆の隣にいる懸《けん》衣翁《えおう》に喩えられなくもない。坊は賽《さい》の河原の地蔵に喩えることもヴィジュアル的には可能だ。異界のものを食べてそこでの市民権を得ることは、賽の河原のものを食べてしまうと帰還することができなくなってしまう黄泉《よみ》の国での説話類型にも酷似している。

六番目の駅（六道）に千尋を送り届けるリンの存在も（であるならば六番目の駅である「沼の底」に辿り着けずに途中下車してしまう半透明の存在たちは、折口信夫の言うところの不慮の死を遂げた「未完成霊魂」ということができるかもしれない）、そしてその背後に「葬儀」と貼られる「ハレ」の空間たる油屋も、千尋が薬湯を要求するときの縄が首かけ縄に見えることも、千尋が最後に現実世界に帰還するときに「ふりむかないで」と言われることも（このことは亡くなった妻エウリュディケーを追って冥界を旅したオルフェウスが最後の最後でうしろを振り返ってしまったことで、妻を永久に喪う西洋の説話類型や、葬式の後にわざと遠回りをして振り返らずに帰る「野辺送り」の風習を引いているようにも思える）、死者を連想させるのである。

千尋が最終的にトンネル手前の現実世界に帰還したとはいえ、死者の薫りはこの映画において馥郁《ふくいく》として充満していることがわかるだろう。

荒川修作の「養老天命反転地」と千尋の身体感覚

宮崎駿は荒川修作についてもいくつか言及している。ここでは彼の代表作の一つともされる岐阜県養老町にある「養老天命反転地」についてすこし説明したい。荒川の建築はそこに身を置いた者の運命が反転する建築空間を「養老天命反転地」や「三鷹天命反転地」で試み、わたしたちの生活する空間が身体的にバリアフリー化されていることを指摘しつつ、彼の建築物にやって来た人間が狭さや窮屈さ、丘陵や勾配に対して身体感覚をフルに動員しなければ生きえないような建築空間を醸成した。その建築鋳型に一時的なりとも嵌《は》められた人間は、そこで新たな身体感覚を獲得して鋳直される。そして現実世界に帰還するのである。宮崎はこうした発想に全面的に賛同しているわけではないものの、そこに来た子どもたちの身体が一気に解放されたことを評価してもいる。

こうしたことは現代諸芸術——暗黒舞踏や現代音楽、現代美術、映画にも敷衍《ふえん》しうる。わたしたちがノイズだと思っていた音や身ぶりからヒエラルキーのないふんだんな豊かさが見出され、「大きな物語」は破壊される。すなわちこれらに共通しているのは一つの大きな文法（「大きな物語」）の破壊であり、ポリフォニックなノイズの美しさを貴賤なく拾い集めること（つねに括り替え可能な「小さな物語」を連続させること）である。千尋ははじめこそ父親の運転する車の後部座席にただ身を埋めるだけの少女だったが、その後天からボイラー室に下り、起伏の大きい階段を上下し、神々の船が接岸する丘の起伏にたたずみ、ハクを救うために油屋の外壁の土管を走り抜けるなど、さまざまな起伏に身を置いて、身体から先に解放されていることには注目すべきであり、その後に彼女の精神も連動して解放されているのである。

他者性の獲得

千尋が千尋であることを恢復《かいふく》したとき、彼女は「自分とは何者であるか」を知るのに決して自らの内部を点検したのではなかった。自らのうちを捜してもそこに自分はいない。また自らの外を捜してもそこに自分はいない。彼女の視線は最初は内向きに、引っ越しに対しても友人との別れに対してもただ不平不満を内面に抱える少女だったのであり、それは後年の『ハウルの動く城』のソフィーがただ言われるがままに帽子屋を引き継いで、自らの容姿や性格に自信が持てないでいる彼女の内向きなる「ルサンチマン」にも比定されうるだろう。ハウル自身のナルシシズムも同じように内向きの自己愛であるのだから、この二つの視線は永久にこのままでは交わることはない。

千尋の自己同定はただ労働をするというだけで恢復されたわけではない。労働が他者から認められたという意味で彼女は油屋での市民権を得てはいるが、千尋はその後恋愛によって、礼儀によって、すなわち他者を前提とする諸々の行為によって、自らのためでなく他者のために尽力するのであり、その視線は内向きなものから外向きに変わり、彼女自身のルサンチマンは解消される。

この物語で自立するのはただ千尋だけではない。同じように坊も頭三体とその立場を入れ替えることによって、いままで迫害していたものから迫害される立場となり、いじめていた者からいじめられる者になり、贅沢が利かない立場に追い込まれ、他者の気持ちをようやくそこで理解して、そのことが契機となり彼は自立を果たすのである。またネズミに装いを変えることによって、自らの母である湯婆婆からの庇護にあったものが、母から「きたないネズミ」(湯婆婆)扱いされることによって(ここでも湯婆婆は土くれを貨幣と見誤り、記号を倒錯させている)、ついに母から精神的自立を果たすことになる。避けていた「おんも(表)」(坊はそれまで無菌室のような一元管理された部屋で、冒頭の千尋が車のなかでそうであったように守られている。「おんもにいくと病気になるからここにいるんだ」〈坊〉、「こんなとこにいた方が病気になるよ!!」〈千尋〉)でのアドベンチャーを通じて、また他者からの眼差し(特に母親からの眼差し)、そして立場の交換(頭との関係性の入れ替え)、ついには穢れ(血や呪い、エンガチョ)まで千尋同様に背負うことによって、彼は千尋と相似形を描いて自立を果たしていく(一方で湯婆婆は最後まで千尋の挨拶を拒否して精神的に自立しない)。坊は肉体的にも、沼の底で千尋が差し出した「肩に乗ってもいいよ」という誘いを拒否して、自らの足で地を踏みしめるのであり、姿も元に戻ることができるにもかかわらず主体的にその姿を選択している。また油屋に帰還した坊が二本足でしっかりと着地していることを湯婆婆も驚いて認めている。

わたしたちはつねに相対的たらざるを得ない存在であり、他者を鏡として自己は逆照射されて規定される。他者の視線がすべてであるとここでは言っているわけではない。他者とのかかわりのうちに、関係性の網の目を通して、わたしたちは眼差される。

2 もののけ姫——越境する「もののけ」たち

イメージ・ボード『もののけ姫』

かつてフランスの作家ポール・ヴァレリー[1]は、作家は処女作に向かって成熟する（処女作にはその作家の未来の展開がすでに予兆されている）と言ったが、宮崎駿がその比較的初期である一九八〇年に描いた『もののけ姫』というイメージ・ボード[2]がある。これは今現在私たちが知っている映画の内容とは異なるものである。

そこには『となりのトトロ』[3]（一九八八）から『もののけ姫』[4]（一九九七）、『千と千尋の神隠し』（二〇〇一）に至る宮崎の未来の思考の過程が予兆され、集約されている。映画『もののけ姫』に登場するような中世武士たちの姿、トトロに瓜ふたつの「もののけ」の容姿、『千と千尋

（1）ポール・ヴァレリー（一八七一―一九四五）フランスの詩人・小説家。『風立ちぬ』の「風立ちぬ、いざ生きめやも」はヴァレリーの言葉に由来する。
（2）宮崎駿『もののけ姫』（イメージボード）スタジオジブリ　一九九三年。
（3）『となりのトトロ』一九八八年四月公開・東宝配給作品　原作・脚本・監督　宮崎駿。
（4）『もののけ姫』一九九七年七月公開・東宝配給作品　原作・脚本・監督　宮崎駿。

の神隠し』の油屋内部によく似る城内風景と、詳細に指摘してゆくこともできるが、ここで言いたいのはこのイメージ・ボードがひとつの思考の母胎となっている、ということである。

前章においては『千と千尋の神隠し』における〈記憶〉の問題を扱った。追い詰められたアジール的とも言える世界が〈近代〉に対して逆襲する物語。千尋の乗った車は国道を逸れ、鳥居を境界とする舗装されていない道ならぬ道を越え、そして近代的産物の象徴であるゆえにトンネルの手前でその侵入を封じられてしまう。トンネルの奥の世界では世俗で効力を持つルールは一切無効化され、千尋の両親の近代的な認識様式（風の音を「風なりよ」と答え、祠を「神様のおうち」と認識して、思考を止めてしまうような母親のロゴス中心主義）は即座に豚に変えられてしまう。千尋が失われた〈記憶〉を恢復《かいふく》するのは、生命の根源の場所たる〈水〉のもっとも深いところ、また千尋という深さを表す大和言葉が予兆するように、〈沼の底〉以外にはありえない。「いちどあったことはなかなか忘れないものさ。思い出せないだけで」という銭婆のせりふ。ハクは埋め立てられた小さな川の精霊であるがゆえ、人々の記憶からは深く埋葬されたのだった。あるいはないことにされてしまった記憶なのかもしれない。千尋ですら映画の最後で記憶を失ったような表情をしているのが印象的だ。千尋が自己を恢復する契機となるのは、常に愛情だったり礼儀だったりと、〈他者〉の存在を合わせ鏡のように映した時なのだが、まるで最後に戻ってきた子どもが呆《ほう》けるのは民俗学者柳田國男の「神隠しに遭いやすき気質あるかと思うこと」（『山の人生』）を読んでいるかのような心持だ。銭婆とカオナシ、坊によって周到に準備された「髪留め」が千尋の記憶を束ねて剥落をギリギリのところで防ぐことを忘れない。そしてその意味では『もののけ姫』でも、村の禁忌を犯してカヤがアシタカに渡した小刀は最後までサンとアシタカを守ってくれるだろう。モノは、人間の記憶をもっともよく保存するのである（おみやげや遺物、プレゼントはそこに貨幣価値を離れた個別の想いが内包されているのである。「もののけ姫」も「もののケ」であることを見逃してはいけない）。

こうした主題と往復するように映画『もののけ姫』は『千と千尋の神隠し』と双生児である。たとえばハンセン病の問題は両作品に共通して登場する主題であり、エボシに感謝する包帯を巻く患者たちと、油屋で不当に差別を受け、薬湯を浴びる神は多磨全生園の患者の草津行きの記憶を封印するだろう。神に刺さった刀の傷は単に自然破壊のことを言うのみならず、彼らの背負った心の傷でもある。どちらが先に構想されたかもわからぬほど両者は分かちがたく結びつき、時代の前後を感じさせない。その意味で両作は合わせ鏡であり、中期ジブリ作品の処女作と言えるのがイメージ・ボード『もののけ姫』なのである。

前章では『となりのトトロ』と『千と千尋の神隠し』のちがいをアジール的領域（異界のようなところ）と近代社会（すなわち現実。しかしこうした現実と幻想が同権的に立ち現れるのがアニメのメディア特性であり、アニマの持つ生命力である）が二項対立的に描かれるのが前者であるならば、境界線そのものが移動し、構造が立ち上がるごとに骨抜きにされるのが後者である、と述べた。『千と千尋の神隠し』では油屋は異界であり続けることが物語構造のなかで拒否されているし、千尋の乗る鉄道の轍とともに物語の境界線は漸次移動していくことになる。描かれた主題はいかに近似していても構造は決定的に異なる。本章ではこの移行過程の中間に『もののけ姫』を位置づける。映画のなかでアシタカのとった態度と行動はこの変遷の重要なキーワードである〈中間項〉（＝「第三の道」）を象徴する重要な姿勢であると思われる。

本章では映画『もののけ姫』に焦点を当てながら、隣にさまざまなテクストを並置し、アシタカに仮託された思考を追っていくことにしたい。

失敗する〈神殺し〉と達成される〈神殺し〉

映画の主題が〈神殺し〉と〈国崩し〉であることは論を俟たない。そのことはいみじくもエボシがことあるごとに宣言している。科学（タタラが表象するもの）によって文明化されはじめる民や組織は、やがて自然を人間の対立勢力とみなすようになり、自然を人間のコントロール下に制御することを目的とした最終戦争を仕掛け、シシ神殺しに表象される山の神殺しを目論む。

エボシをはじめとするタタラの思想、そして「天（朝）」の命令によって自然や生命をコントロールしようとする集団も、時代背景こそ中世ではあれ、そこに認められる思想は明らかに近代的な思考の萌芽である。ドン・キホーテがヨーロッパ近代の幕明け前夜——無骨にしかし実直に向かっていったのが風車であったのはけっして理由がないことではない。

宮崎駿は「日本人はシシ神を殺したんだと思います」と述べている。[5] シシ神は「アジールというか聖別された領域」と結び合わされ、「日本人の心の中にずっとあった」「神々しい場所、そこにいろいろなものが生まれてくる根源がある」と語られる。そうした根源の力への問いは、『千と千尋の神隠し』においても、『崖の上のポニョ』においても継続して扱われ続けてきた問題群だが、宮崎監督の思想と作品はつねにこうした場所を塞いできた近代精神——分類・弁別・整理の二項対立を容易とするロゴス中心主義や効率万能主義——との絶え間ない闘いの痕跡であり、トトロやポニョは生命のサステナビリティ（持続可能性）に不可欠な、聖別されたアジール的領域の根源を塞いでしまう行為に対しての警鐘あるいは抵抗のために登場した一種の「もののけ」（トリックスター）[6]たちだったのである。『崖の上のポニョ』では高さの位相が海に近づいたことで、高度な文明社会の象徴である空、「天空の城」の破綻を幾度となく描いてきた宮崎監督が一気に生命の「根源の場所」へと向き合ったことを意味している。ポニョの爆発的な力は、自然や

（5）「宮崎駿監督インタビュー」（『もののけ姫』劇場用パンフレット　東宝　一九九七年）。

（6）トリックスター：秩序と混沌、文化と自然、善と悪などの二元論的世界の間を自由に往還して硬直した状況に流動性を与え活性化するのがトリックスターの特徴で、文化人類学者の山口昌男によってその意義が強調された。

生命の力そのものである（『崖の上のポニョ』においても、『もののけ姫』においても、自然そのものの力は人間の善悪の倫理を超えていることにも着目すべきだろう。その意味で彼らは人智の圏外にある。『もののけ姫』でそれを顕著に象徴するのは〈シシ神〉の存在だ）。『崖の上のポニョ』が手で描かれたことは、技術面での意味のみならず、内容面でも必要な行為だったのである。

現代美術家の荒川修作は岐阜県「養老天命反転地」について、「人間は神を殺したんだ。だから自分が神になるしかないので、自信が無くなって、やっぱりお任せしますというわけにはいかないのだ」[7]と言っている。宮崎はその荒川の揺らぎない言葉を引いて、荒川の仕事が究極のところで徹底した「管理」につながりかねない危険性を孕んでいたとしても、「神は死んだのだから、人間が神になりかわるより仕方がない」とする荒川の仕事に対して、一定の評価もしている。

猪の神、まして白い猪たる乙事主を見て類推されるだけでなく、容易に『もののけ姫』を見て想像されるのは『古事記』の伊服岐山の段だろう。ふたつの世界を結ぶ境界である伊吹山に登場する白い猪は、『古事記』において決定的な役割を果たしている。

是《ここ》に詔《のりたま》はく、「茲《こ》の山の神は、徒手《むなで》に直《ただ》に取らむ」とのりたまひて、其の山に騰《のぼ》りし時に、白き猪《ゐ》、山の辺《へ》に逢ひき。其の大きさ、牛の如し。爾《しか》くして、言挙《ことあげ》為《し》て詔はく、「是の白き猪と化《な》れるは、其の神の使者ぞ。今殺さずとも、還《かへ》らむ時に殺さむ」とのりたまひて、騰り坐《ま》しき。是に、大氷雨《おおひさめ》を零《ふら》して、倭建命を打ち惑はしき〈此の白き猪と化れるは、其の神の使者にあらずして、其の神の正身《ただみ》に当たれり。言挙せしに因《よ》りて惑はさえしぞ。〉故《かれ》、還り下り坐して、玉倉部《たまくらべ》の清泉《しみづ》に到りて息《いこ》ひ坐《ま》しし時に、御心《みこころ》、稍《やをや》く寤《さ》めき。故、其の清泉を号《なづ》けて居寤清泉《いさめのしみづ》と謂《い》ふ。

倭建命は異境を平定して帰還する際、伊吹山で白い猪と出くわし、山の神そのものである白猪を神の使者である、と勘違いをして誤った言挙をした結果、また想いのこめられた草薙剣《くさなぎのつるぎ》を置いて徒手で挑んだことも遠因して、山の神の逆鱗に触れ、大氷雨を喰らい、一時的に傷は居寤《いさめの》清泉《しみづ》で恢復《かいふく》するものの、それが原因で能褒野《のぼの》で落命してしまうのである（「故、其の清泉を号けて居寤清泉と謂ふ」や「言挙」など言葉による支配を企む構図もまた鮮明である）。

朝廷による異境の平定、それを象徴する〈神殺し〉を『古事記』は伊吹山においてなぜか（それを正統化するべき目的を持った書物でありながらも）最後は失敗させて終えてしまうのである。『古事記』では（もちろん対抗勢力の象徴である）出雲の調伏を記すことは忘れなかったけ

（7）宮崎駿「人・町・国土が元気になるために——中村良夫氏との対談」（『明日へのＪＣＡＡ』社団法人建設コンサルタンツ協会　一九九八年）。

れども、自然の神殺しは敢えなくつつましやかに失敗して終わる。

しかし宮崎駿は人間による自然の神殺しを敢行させた。その意図は何か。

ここで先の荒川修作の話をいまいちど思い出すこととしよう。この映画において人間による自然の神殺しはすでになされてしまったのである。文明は自然との関係において取り返しのつかないところまで来てしまった。タタラ場は風景のなかの癌のように描かれた。科学は〈神殺し〉を前提としなければ前進することができない。もう隠蔽できないところまできてしまったのである。だからこそ、『古事記』の時代とちがい、わたしたち近代人の感覚も素直に「神殺し」の説話類型を受け取れるようになったのである。『古事記』の時代は自然の神は調伏できないほうがむしろ感覚的に腑に落ちただろう。しかし、今のわたしたちは〈神殺し〉がなされた地点から思考を再スタートしなければいけないのだ。

荒川の場合は神の死以後を人間が代行した。しかし『もののけ姫』は人間が自然の完全管理をするというかたちで神に代わることはなかった。里山で自然は恢復《かいふく》するのである。自然が人間の参画さえ肯定しながら、新たに再生したのである。そして宮崎はタタラのように土地の疲弊が繰り返されてきたこの列島が、これまで幾度となく再生を繰り返してきたことにも触れて大きく感嘆する。宮崎作品のなかには、一度堕ちきってしか世界は浄化されえないという問いかけが常にある。呪いは呪われてからエンガチョしなければならない（『千と千尋の神隠し』）。『ハウルの動く城』のソフィーも、アシタカも冒頭で呪われるところからスタートする。『風の谷のナウシカ』

の腐海による世界の浄化も同様である。この列島に特有の湿気が生物に害を及ぼす一方で、粘菌が世界を復元していくような南方熊楠（一八六七—一九四一）的な想像力があるのである。

『千と千尋の神隠し』において車の後部座席に身をうずめ、いままで自らの手を汚さないで生きてきた不平屋で受け身の少女（千尋は冒頭の車内では精神的にも身体的にも受け身である）は、自ら掃除をしたり、印鑑の呪いを身に引き受けたり、怪我をしたハクの血を浴びたりして（「血」は物語の中でひときわ強調されている。番台蛙も、坊も、血を必要以上に忌避するシーンが繰り返し描かれている）、それらがいつか強い肯定的な力へと転化されていくのである。

宮崎駿の映画は安易なエコロジーの論理には一切目もくれず、すべての善悪の倫理を超越し、自然そのものの持つ凶暴性をも含めて肯定することで自然と共存する道を選ぶ。東日本大震災を経たいま現在のわたしたちにおいても、そのメッセージの効力は薄まるどころか更に増しているだろう。宮崎駿は『古事記』ですら達成しなかった自然の神殺しを、エボシによるシシ神の「死と再生」というかたちで描き切り、敢行させた。彼女を殺さずに片腕だけ負傷させて生かしたこと（エボシは最後に「ざまあない。山犬の背で運ばれ、生き残ってしまった。礼をいおう。だれかアシタカをむかえにいっておくれ。みんな始めからやり直し、ここをいい村にしよう」と再生を宣言する）、アシタカがエボシとともに生きることを表明したこと、サンに対しては「また会いに行くよ、ヤックルに乗って」と言ったアシタカのスタンスの意味するところは、〈神殺し〉

以後の世界像としてすこぶる示唆的だろう。

「曇りなき眼《まなこ》で見定める」アシタカの第三の道(8)

アシタカはヤックルに乗って東北から西方へと漂泊する蝦夷の一人の若人である。そもそもヤックルとは何者か。シシ神とはどういう存在なのか。これらを『となりのトトロ』から『千と千尋の神隠し』へと至る道筋のなかに『もののけ姫』を位置付けつつ、ヤックルやシシ神、アシタカの行動をしばし追ってみたい。

アシタカが境界を行き来する漂泊性を背負うことになったのは、村を襲った祟り神から共同体の娘カヤを守ろうとして自らが呪いを引き受けたことが端緒であった。蝦夷の村の将来を唯一嘱望される若人でありながら、彼は不条理な理由で共同体を強制的に退去しなければならなかった。西の権力から遠く離れたマイノリティである蝦夷に属しながら、そこからも出ざるを得なくなったアシタカはあらゆる因果性の論理から外れている。宮崎作品に顕著な特徴は、呪いを背負うことによって共同体のくびきから解放され、自由なノマドロジー(9)を物語の最初の段階で獲得することである。

一方でもののけ姫＝サンも、人間でありながらも人間からはもののけ視され、森の動物たちからは人間視される。モロから「哀れで醜い娘」と言われ、また猩々《しょうじょう》たちはサンを人間として蔑視する存在で、けっして単純にもののけ姫とはいえもののけ側に分類されるものではない。

もののけに対抗する側のエボシを中心とするグループも、タタラ場を狙うアサノや法師連、中央の天朝とは独立した関係にあり、構成員も牛飼いや患者たち、白拍子など寄せ集めのグループである。また彼女らが決して悪に属するわけではない。宮崎作品に勧懲は存在しない。[10] 実際エボシはタタラの患者たちから初めて人間として扱ってくれたと慕われているのである。

境界線上の漂泊者たちによって物語は動かされていく。彼らは組織のアウトサイダーであるがゆえに自由に物語中を闊歩する権利を有している。あぶれ者たちの邂逅《かいこう》を助ける役割を担う存在

（8）映画中の蝦夷の老巫女はアシタカに「西の国で何か不吉な事が起こっているのだよ。その地におもむき、曇りのないまなこで物事を見定めるなら、あるいはその呪いを断つ道が見つかるかもしれぬ」と言う。東北でコダマの存在を熟知し、まだ森と人間の共生関係をぎりぎりのところで保っていたと思われる蝦夷一族に対して、西にあるのは古代における近代性を予告する「天（朝）」である。

（9）ドゥルーズとガタリのノマド論に拠る。定住民に対する遊牧民を表す語で、あらゆる定住とそれにまつわる権益の固定性の因果律から離れて、中央の権力域から自由であること。

（10）「この映画は善悪を決める映画じゃないんです。だから善も悪も、全部それぞれの人間の中にあるんです。世界っていうのはそういうものだと僕は思っています」（「ベルリン国際映画祭　海外の記者が宮崎駿監督に問う、『もののけ姫』への四十四の質問」（『ロマンアルバム　アニメージュスペシャル　宮崎駿と庵野秀明』徳間書店　一九九八年）。

がヤックルだが、実はすべての状況が到来するように仕向けた張本人であるとも考えられるふしもある。『風の谷のナウシカ』におけるキツネリス（キツネとリスのハイブリッド）のように、ヤックルはすべての人物の邂逅《かいこう》を助ける存在でもある。

ヤックルは赤鹿である。柳田國男は古い来歴の日本語にある「S＋K」の音の組み合わせが坂や底、境や酒がそうであるように境界を表すことばであると看破したが、鹿も同じく神と人間とを取り持つ重要な境界線上の使者である[11]。

物語内にはあらゆる二項対立が横たわる。自然と人間、東の蝦夷と西の天朝、タタラとタタリ、男と女（タタラでは女性のほうが逞しい働き手として反転して描かれる）、生と死、昼と夜、日本と明、呪いと祈り、エボシとサン、タタラと自然、原生林と里山。境界線上を橋渡しする象徴的な存在がヤックルであり、それにまたがって移動するのがアシタカで、あらゆる二項を超えたものがシシ神なのだ。

網野善彦[12]が言うようにエボシとシシ神との戦いを人間の野性と自然の野性との戦いと捉えるならば、人間の野性とは生と死をコントロールする／できる／したい[13]という近代的な欲望のことであろう。ジコ坊はいみじくも「天地の間の全ての物を欲するが人間の業だ」と嘆息し、不老不死の薬としてシシ神の首を狙う国家権力（使者として師匠連・石火矢衆が送られるが、その背後に天朝）の存在が暗示される。とするならば、人為的アジール（赤不浄を忌むタタラの女性神である金屋子神に嫌われるはずの女性がたたら場で労働に従事し、また牛飼いや白拍子が「国崩し」

を目論む。まれびとであるアシタカはたたら踏みを女性たちと体験し、「つらい、厳しい仕事だ」と嘆息する）を体現する場所はタタラ場だ。

一方、自然の野性は人間の善悪の倫理を越えて、生と死をコントロールしない／できない、いわゆるピュシスの根源として存在しており、それはシシ神が代弁していよう。実際、森の賢者たる猩々《しょうじょう》たちや乙事主など猪の神たちもシシ神が生を与えるのか死を与えるのかを疑っていたし、自然のアジールとは暴力性や残虐さをも伴った自然そのものなのである。

（11）本論文の発想はいたるところで、中沢新一・坂本龍一『縄文聖地巡礼』（木楽社　二〇一〇年）、中沢新一『アースダイバー』（講談社　二〇〇五年）、中沢新一『純粋な自然の贈与』（せりか書房　一九九六年）に拠っている。

（12）網野善彦（一九二八―二〇〇四）歴史学者。海民や職能民から日本中世史を斬新に捉えなおし、歴史研究に一石を投じた。宮崎駿とは「『もののけ姫』中世の魅力」（『潮』潮出版社　一九九七年）、「アニメーションとアニミズム『森』の生命思想」（梅原猛、網野善彦、高坂制立各氏との座談会、『木野評論臨時増刊　大学はなぜマンガに負けたか!?』京都精華大学情報館　一九九八年）において対談している。他に「『もののけ姫』劇場用パンフレット」（東宝　一九九七年）に「『自然』と『人間』二つの聖地が衝突する悲劇」を寄稿している。

（13）中尾佐助の『照葉樹林文化論』（『中尾佐助著作集Ⅵ巻』北海道大学出版会　二〇〇六年）が宮崎の思想にすこぶる影響を与えていることはよく知られている。また前注の中沢の『純粋な自然の贈与』を援用するなら、狩猟から稲作へと至るドラスティックな転換の背景には計量化された安定した富への志向やその富を保存しようとする欲求、すなわち自然をコントロール下に置こうとする近代性の萌芽がすでに垣間見られるだろう。

ヤックルはシシ神である、と仮にここで言ってみよう。実際シシ神そのものだったからこそ、ヤックルはシシ神の聖域たる泉に入ることをためらったかもしれない。またサンはその行為を褒め称えたのだった。シシ神の死後、ヤックルはすべての神性を一気に失った。フィナーレにおいては山犬とともに一背景の動物となりさがってしまっているのである（まるで里山を象徴するかのように）。気絶するアシタカの傍で泉にたたずんで画面をそっと見つめるヤックルを映したワンカットは、シシ神の輪郭が拡張して画面いっぱいに収まり、観客を見つめるワンカットとまったく同じアングルであることを見逃してはならない。それはヤックルがシシ神と表裏の存在として暗示された瞬間ではなかったか。

人間と動物のふたつの表情と身体をあわせ持ちながら、シシ神は先述のように人間の善と悪、生と死の観念を超越する。「シシ神は死んでしまった」というサンに対して、アシタカは確信をもって次のように言うであろう。「シシ神は死にはしないよ。命そのものだから。生きていることと死んでいることは同じなんだ」と。生と死は対極ではなく同質的である。自然の神を表象するデイダラボッチの生と死は渾然と表裏一体だ。シシ神は乙事主に死を、モロに死を、そして荒ぶる自然に死を与え、そして生を与えた。

アシタカはいかなるときにも対立の思考（生と死、東と西、男と女、人間と自然など）には陥らない。アシタカは物語の冒頭のとおり老巫女ヒイさまの言いつけを守り、「曇りなき眼《まなこ》で見定め」続けている。タタラ場に襲来するもののけ姫とエボシのあいだで——すなわち自然と人間の象徴同士のせめぎあいのあいだで、アシタカはそこに割って入り、両者に等分に打撃を与えながら両者を気絶させて双方を引き受ける。始まってしまった〈文明〉と〈自然〉の取り返しのつかない最後のせめぎあいのなかで、それがいかに困難と絶望を伴うものであったとしても、アシタカは常にどちらか一方に肩入れすることをよしとしない。境界線上の「第三の道」。アシタカはタタラがアサノに襲われていることをエボシに伝え、「それを信じる根拠は」とエボシに聞かれたときも、ただ「理由はない」と答える。ラストにおいても「アシタカは好きだ。でも人間を許すことはできない」と強弁するサンに対して、アシタカは次のように言うだろう。「それでもいい。サンは森で、私はタタラ場で暮らそう。共に生きよう」と。あらゆる対立をアシタカは肯定する。シシ神が死んだあとも最初にタタリ神につけられた呪いの痣《あざ》は完全には消えない。それは薄くたしかに残るだろう。しかしアシタカはそのことすらも、いずれ来たる死をも素直に受け容れてしまっている。

アシタカの「曇りなき眼」は貨幣をも透過するだろう。アシタカは金の粒の価値すら知らない。徹底的に等価交換原理に毒されず、市場経済と対峙し、無償の贈与を中間者的な立場で、まれびととして提供し続ける。

このようにアシタカは二項ではなく、第三極を指向し続ける存在だった。その意味においてこの映画は、まだ作品構造が〈現実〉と〈異界〉というように単純明快であった『となりのトトロ』と、境界線が輻輳《ふくそう》化していく『千と千尋の神隠し』とのちょうど〈中間〉にある重要な作品だと位置づけることができよう。タイトルを考えてほしい。『もののけ姫』というタイトルは「もののけ」と「姫」というまったくちがうふたつのイメージをつなぐ第三項、すなわちこの映画はハイブリッドなシュールレアリスム的想像力の産物だったのである。

キーワード集

アジールのせめぎ合い

① 宮崎駿は「宮崎駿監督インタビュー」(『もののけ姫』劇場用パンフレット 東宝 一九九七年)のなかで、アジールの消失の起源を日本中世に見ている。

「やっぱり日本人はシシ神を殺したんだと思いますよ、室町期くらいに。そして森を恐れなくなったんだと思う。(中略)少なくとも古代から中世のある時期までは、ここから先は人間が入っちゃいけない場所だっていう境界があった。ここから内側は私たちの領域だから、私たちの決まりごとで人界として治めるけど、この道路のここら辺から先は、人界じゃないから何か犯罪が起きてもこっちでは取り締まれないとか、そういうアジールというか聖別された領域があった。阿部謹也(一九三五—二〇〇六)さんとか、網野善彦さんとかが書かれている本に出ていますけどね。(中略)深山幽谷、山奥に行くと、人間が踏み込んだことのない深い森には清冽な水が流れてるっていう場所が、日本人の心の中にずっとあった。そこでは里では見かけない大蛇や、恐ろしげなものもいるというふうにある時期まで、思っていた。そういう深山幽谷で、人気がなく、神々しい場所、そこにいろいろなものが生まれてくる根源があるっていう気持ちは、僕のなかに今でもある。日本庭園なんていうのは、神々しい、清浄な世界をそこに作ろうと思ったのに間違いないと思いますしね。清浄っていうのは、日本人にとって一番大事な事だったんですよ。なくしたんですよね、それを」。

②網野善彦は「『もののけ姫』劇場用パンフレット」（東宝 一九九七年）に「『自然』と『人間』、二つの聖地が衝突する悲劇」を寄せている。網野はここでこの映画を「自然のアジールと人為的アジールのせめぎ合い」による悲劇的破綻であると述べている。「人間にとって救いの場として設定された人為的アジールが、本来その根源であったはずの自然のアジールと衝突せざるを得ないということは、これまで程度の生き方ではわれわれ人間にはもはや救いがないということを意味します。（中略）自然のアジールと人為的アジールがぶつかり、それぞれに傷を負い破綻する。しかしなおそれを越えるものがありうるのだということを宮崎さんは仰ろうとしたのだと思います」。

映画でのタタラ場は女性を中心とする社会だが、金屋子神（タタラの女性神）の忌み嫌うとされる旧来的な赤不浄（出産や月経の穢れ）の場をあえて女性を中心とした労働の場に反転させたことに新奇の妙がある。このタタラ場が、病者や、白拍子、そして牛飼いとさまざまな職業の者が「国崩し」を目論んで集う人為的なアジールの磁場であることを宮崎は強調したのである。

もののけ姫と血

「血の問題もおぞましいものというふうに片づけないでほしい。もののけ姫は血に汚されるんじゃなくて、血によって清められたんだと思いたいんです」（宮崎駿「森の持つ根源的な力は人間の心の中にも生きている――『もののけ姫』の演出を語る」『シネ・フロント』シネ・フロント社　一九九七年七月号）。

宮崎作品におけるこうした転化は至るところで重要な主題となっている。物質の行き着く最終地点としてのすなわち〈貧〉の象徴としての炭が、〈富〉へと転化するというわたしたちの深層にある無意識は、『炭焼長者伝説』や『シンデレラ』など古今東西の説話においてもみられる形式なのだが、『千と千尋の神隠し』では「ススワタリ」はもっとも下層域に住みながら油屋の主たる労働力を提供してそれを生産エネルギーへと変えているし（それに照応するかのように湯婆婆の手にする貨幣＝記号はすぐさま灰に転ずる）、『もののけ姫』においては、甲六はデイダラボッチをまのあたりに見ていみじくも「あいつは花咲爺だな！」と言い当ててしまっている。

近代の等価交換原理に対峙する贈与の精神は、アイヌの「イヨマンテ」（熊おくり）などにも顕著であろう。もしかしたら〈シシ神〉の姿は、長野県富士見町に近い諏訪大社末寺の大祝の鹿の供物（諏訪・茅野の御頭祭）を参考にしたものなのかもしれない。実際エボシの名は白拍子を連想させるだけでなく、富士見町近くの烏帽子という地名から取ったと宮崎は告白している。アシタカとサンが天空に向けて持ち上げたシシ神の首ははたして供儀としての性格も帯びるだろうか。

エコロジー

宮崎が「自然と人間の文明のややこしい関係」と呼ぶものが、この映画の「物語としての筋のややこしさ」と繋がっている。監督によれば、ヒューマニズム（人間中心主義）と自然との関係は一筋縄で解決することがない。ましてや「悪人」が自然を破壊してきたのではないのだから事情はなお一層複雑だ。人間の文明一般が自然を圧迫せざるを得なかったのは歴史の事実だが、〈自然〉対〈文明〉というわかりやすい二項対立の図式は甚だ危険で、認識方法そのものに重大な欠陥があるだろう。「シシ神殺し」は事実起こってしまったわけだが、こうした矛盾と「ややこしさ」を充分認識したうえで、第三の道を進まなければ自然と人間との新しい関係は（シシ神の死後、里山が開けたフィナーレのように）展《ひら》けない。そしてわたしたちはいま現在もこのような「答えのない問い」に対して、アシタカのように対峙することを迫られている。

「だから環境の問題というのは、人間の役に立つから残そうというんじゃなくて、役に立たないから残そうというふうに僕らの考え方を転換しないと解決しないと思うんです。役に立つ立たないというものの考え方をどっかで捨てないと、つまり、役に立たないものも含めて、全部が自然なんだという感覚にならないとダメだと思いますね。」（宮崎駿「森の持つ根源的な力は人間の心の中にも生きている――『もののけ姫』の演出を語る」『シネ・フロント』シネ・フ

ロント社　一九九七年七月号)。

エコロジーはこれまで人間中心主義史観で語られてきた。そのインストール（自然観）そのものを根底から変えない限り、神殺し後の世界は殺伐とするだろう。三・一一の東日本大震災とそれに伴うエネルギー問題は、わたしたちに自然との関係をいまいちど考える契機を与えることだろう。

3 ハウルの動く城——動く、壊す、キスし続けるということ

「動く城」のノマドロジー(1)

「ハウルの動く城」が表象するものはふたつある。ひとつは彼らのノマド性である。ハウルは恋愛からも、国王の招聘からも、その他さまざまな局面において逃げつづけてきたのだが、こうした姿勢は自らに自信を持てずに、消極的なかたちで帽子屋を継いでいるソフィーの姿（映画の冒頭で妹レティーとのやりとりに拠る）に反転的に重ね合わせられよう。ハウルの逃避はナルシシズムに起因し(2)、かたやソフィーの消極性はルサンチマン(3)に起因するだろう。彼らの視線は両者ともに深く自己内部へと向かっている。

二人の姿勢と平行するように、「ハウルの動く城」も本来権力装置として強力に機能し鎮座すべき「城」という構造物が、同時多発的（チャンネルをまわすたびにキングスベリー／荒地／港町／戦場に、そしてさらにそれが一度解体され括り変えられて、ソフィーの記憶の世界／ハウルの記憶の世界）に移動可能な城として設定されている。そのタイトル・ロールに採用されていることからも明らかなように移動可能ということに重きが置かれていることは明らかだろう。宮崎

るのである。
駿監督自身、城が動くという設定だけでこの映画の世界観の半分は完成している、とまで言いき

中心からの権力構造をつねに骨抜きにするようなノマドロジックな運動がここでは提示されているのである。しかしながらこうした姿勢は一回性の完結した脱構築にではなく、脱構築し続ける運動のなかにしか存在しないことにも、わたしたちはここで注意を払っておきたい(4)。

一方、王室付き魔法使いであるサリマン、あるいは荒地の魔女の姿勢はこうしたノマド性とは対極にあるもので、〈中心〉と〈周縁〉の二元的対立のもとで、彼女らの行動は規定され、その思考法に忠実に行動する。サリマンは在野の魔法使いを王権に取り込もうと（あるいは従わない者には容赦なく魔女狩りを）するし、用いる魔法もすべて円形（中心と周縁の構図）のものばかりだ。またハウルを後継者として自らがいる場所と同じ位置に据えようとする。

一見ノマドロジーの性質を持っているかのように見える荒地の魔女は在野にいたにもかかわらず、結局中央への憬れを終始禁じ得ない。王宮からの招聘の日を如何に荒地で待ちわびていたかが彼女の口から語られる。興味を持って近づいてきたハウルの心臓に固執するあたりも、彼女が

（1）ノマドロジー（『ブリタニカ百科事典』より）

G・ドゥルーズ、F・ガタリの用語。ノマド（遊牧民）からの造語。ノマディズムともいう。定住民が閉じられた空間を人間たちに分配する機能を持つのに対し、ノマドの経路は人間たちを開かれた空

間内に分配する。したがってノマドロジーとは、ヨーロッパ思想が追い求めてきた、自己同一的なもの（著者注：『千と千尋の神隠し』における千尋のお母さんの思考様式や、そこから敷衍してフェルディナン・ド・ソシュールの明らかにした記号論についてここで考えてみてもわかりやすい。あるいは固定された中心と同心円状に拡がる周縁の権力固定構造を思い起こしてもいい。音楽における調性の設定〈逆に言えば、無調であるということは多調であるということ〉も近代的な自己同一性の問題に含まれるだろう）への固定・固着と対立するもので、完結性・閉鎖性さらに国家機構から離脱したり、それを破壊するもの（脱属領化）で、常に運動のさ中にあって「外」や「他」と変幻自在の関係をもって、自己を壊しつつ、自己をつくっていく多義的・多型的生を徹底的に生きる生の在り方である（著者注：南方熊楠や宮崎駿が夢見た粘菌の可能性——雌と雄、個と複、生と死、主と従の概念を越境する第三の存在について思い起こすこともここでできるかもしれない）。前章の『もののけ姫』はその意味で第三の可能性に満ちている。

（2）自己陶酔、自己に向く美的自意識が過剰な状態であること。

（3）絵コンテの宮崎の発言を借りれば「うっ屈」と記される。ここではフリードリヒ・ニーチェの言い方を借りて、ソフィーの内向きの精神と身体のことをルサンチマンと呼ぶことにしよう。

（4）周縁とされていたものが中心に移行するのでは、結局構造自体は変わらない。二項対立とそれによる弁証法のシステムは永久に反復されるだろう。周縁の位置を取り続けること（中心からの圧力を回避し、周縁の意識すらなく）。固化されずに無限に関係性を組み直すこと。遊撃的たり続けること。音楽でいうところのひとつの固定的な調に回収されずに、まさに回収されないゆえに無限の調の組み替えとポジショニングがそのたびに可能であること（アントン・ウェーベルンの音楽のように）。それが宮崎アニメの主人公たちのノマド性である。この映画では城という本来中央権力の象徴自体をノマド的にしてしまったところに妙味があるのだ。

本来はノマドロジーの性質を持っていない固着的な関係性を志向しているのは明らかだ。

つまり、サリマンと荒地の魔女は一見対立するように見えながらも、弁証法的な中心性の構造再反復（周縁が中心に移行し、中心が変更されるだけで構図が変わらないこと）をそのまま志向しているのである。またこうした人物たちはハウル恋愛（ノマド的ともいえる恋愛形式）の被害者ともなっており、「動く城」（ノマド性）と対峙する固着的思考（ここで千尋のお母さんの風祠に対する言語レヴェルでの理解＝「風なりよ」「神様のおうちよ」というシニフィアンとシニフィエの恣意性を必然性と誤認してしまうような発想を思い浮かべてみてもよい）からハウルに固執し、だからこそサリマンもハウルを強制捜索したり、「逃がしませんよ」と言うわけで、荒地の魔女も結局ハウルに対してストーカー化していることは見逃してはならないだろう。

エネルギー施設の爆発・廃炉、あるいは解体をめぐって

二つ目はエネルギーをめぐる問題群、具体的に言えば人間と火の契約の始源の神話に目を転じることにしよう。宮崎作品は、巨神兵、天空の城、タタラ場、油屋、ハウルの動く城とそれぞれのエネルギーの発達階梯《かいてい》と、その施設をめぐる人間の血生臭い権力闘争を繰り返し描いてきた。『風立ちぬ』に至るまで、宮崎作品でエネルギーの問題が取り上げられていない作品はない。

火の過剰な使用はいつしか戦争の火に転化される。一方宮崎作品においては抑制された火の使

用も多く描かれている。『風の谷のナウシカ』[5]では、ナウシカや風の谷の老人たちはロウソクなどの最小限の火しか使っていない。この映画においてもソフィーが燭台の火を持ち歩いていることは見逃してはならない。

また火の悪魔カルシファーも、過剰な火と自身との差別化を図っている。自然の中の異物、〈悪場所〉たる施設[6]はすべて映画の最後で解体されてしまう運命にある（油屋も初期構想では破壊される予定だったことが明かされている）。

（5）『風の谷のナウシカ』一九八四年三月一一日公開・東宝配給作品　原作・脚本・監督　宮崎駿。

（6）「異形」の城、「悪場所」としての城
風景の中の異物のように背景の自然とミスマッチする異形の城。アルプス的風景の中の「ハウルの動く城」。中尾佐助さながらの圧倒的に豊かな照葉樹林文化を前にして、その森を焼尽させる「タタラ」（『もののけ姫』）は存在し、「油屋」（『千と千尋の神隠し』）はもくもくと噴煙を青空に燻らせる。また風の谷の巨神兵は明らかに風景から「異形」である。しかし、これは現実にも存在することで、人間の文明の最先端の科学技術であるはずのエネルギー施設はもっとも自然の豊かなところに、自然背景から浮き出すように存在する。宮崎は繰り返し、タタラ場を、巨神兵を、ハウルの動く城を、油屋を、エネルギーとそれをめぐる権力争いを、それらの施設の自然の中での圧倒的な異物感を強調したのではなかったか。まして「ハウルの動く城」は動く原子炉なのである。

コラム① エネルギー革命の階梯

A・ヴァラニャック『エネルギーの征服』（蔵持不三也訳、新泉社 一九七九年） ＊↓は著者注

＊中沢新一『日本の大転換』（集英社 二〇一一年）の図を参考にした。

第一次革命

火の獲得と利用。火を発火させ安全に保存する技術が開発されることによって、「炉」を中心とする「家」というものができた。↓ハウル（人間）とカルシファー（火）の契約。カルシファーの炉を中心とする家族。

第二次革命

農業と牧畜が発達して、いわゆる新石器の時代がはじまる。農業は余剰生産物を生み出して、交換経済が発達するようになる。初期の都市が形成される。↓貨幣を準備する米。〈近代〉性の始まり。

第三次革命

家の「炉」から冶金の「炉」が発達して、金属がつくられるようになる。火の工業的利用が発達するようになり、同時に家畜や風や水力がエネルギー源として利用される。金属の武器の発達は国家を生み出す。↓『もののけ姫』の「タタラ場」（映画の時代設定は日本の中世）。国家成立段階。

第四次革命

火薬が発明される。これは一四世紀から一六世紀のことである。化学反応の速度を高めて、燃える火から爆発する火への移行が起こる。インカ帝国の滅亡はこれに起因する。↓戦争に転用される「火」。

第五次革命

石炭を利用して蒸気機関を動かす技術が確立される。これをきっかけとして、産業革命が起こる。

↓『ハウルの動く城』のソフィーの住む町には蒸気機関車が走る。

第六次革命

電気と石油。一九世紀の西欧では、電気が新しいエネルギーとして発達をはじめる。原子を構成する電子の運動から、エネルギーを取り出す技術である。電子の運動は電磁波をつくりだし、ここから電波通信の技術が発達するようになる。アメリカでは石油が新しいエネルギーとして注目され、実用化される。自動車産業の発達。「フォード主義」は現代的な資本主義生産のモデルとなる。

↓石油をめぐる西洋近代帝国主義と中東の寓話。西洋から見た第二、第三世界（東洋、中東）への視線。「中心」から「周縁」への一方的な視線（オリエンタリズム）。このとき「中心」（＝「第一世界」）とされるのは西洋である（ヘーゲル）。新しいエネルギーをめぐる国家権力と在野勢力の争い（『天空の城ラピュタ』）。「油屋」が「油」を銘打たれているのはなぜか。「荒地の魔女」とは何者か。

第七次革命

原子力とコンピューターの開発。いずれも第二次大戦の刺激によって発達した技術である。コンピューターは電子の量子力学的ふるまいを情報処理に利用した技術だが、この技術がなければ原子力エネルギーのコントロールはほとんど不可能に近い。

↓わたしたちの生きる現代は第七次革命と第八次革命の中間にいる。宮崎は「魔法」「タタラ場」「油屋」「巨神兵」「動く城」とエネルギー問題とそれに対峙する必要最小限の魔法である他者への飾らない愛の魔法較べをさせる。もちろんエネルギーそのものを否定しているわけではない。彼らは最小限のエネルギーを抑制して使っている。

↓『風の谷のナウシカ』の巨神兵。

（引用外）

第八次革命　原子力後の新エネルギー。

＊新しいエネルギーと新しいヒエラルキーをめぐって火の魔法を奪い合う「国家権力」と「在野勢力」の争いは『天空の城のラピュタ』と『もののけ姫』がもっとも分かりやすい構図を有している。

『ハウルの動く城』は反戦映画である。スタジオジブリを題材にしたドキュメンタリー砂田麻美監督『夢と狂気の王国』(7)でも明らかなように、宮崎作品は『風立ちぬ』に至るまで徹底して反戦を貫いている(もちろん『風立ちぬ』には戦争の美化から反戦までさまざまな議論があったけれども、戦いに生理的な嫌悪感を示していることは二郎の夢のなかの爆弾の擬人化からも明らかだし、戦争の美化など一切していない)。しかし、そうであるにもかかわらずサリマンはエンディングにおいて、

「この馬鹿げた戦争を終わらせましょう」

と言い、戦争に対する嫌悪をことごとく描きながらも、このあっけない幕切れを前にわたしたちは一瞬とまどってしまう。この幕切れはこうした戦争が往々にして「安全地帯にいる権力者」(ハウルのサリマンへの指摘)の気まぐれをもとに始まり、気まぐれをもとにあっさり終結してしまうことを、それが戦争の現実であり本質であり、わたしたちを取り囲む危険であることを風刺しているのかもしれない。キングスベリーでは、谷崎潤一郎の『細雪』(8)のように巷ではさまざまな戦争の噂がささめささめ囁かれ、また船と街は爆撃され、兵士の栄光の陰で路地は俯《うつむ》く人々にあふれている。荒地の魔女は戦争に勝ったと報じている新聞を見て、「バカ者だけさ、信じるのは」と言ってマルクルを諌《いさ》める。(9)キングスベリーの実際は劣勢である。しかし、それは国民には伝えられない。

「キス」するということ――〈家族〉の形成と解体に向かって

魔法と対峙する力として描かれているのが愛の力だ。

ソフィーは千尋がそうであったように、はじめこそふて腐れているものの、呪いを背負い、定住する家を出て自由に境界を闊歩し、他者を愛することによって、すべての構造を骨抜きにする――彼女の歩行そのものが――脱構築する身体である。ソフィーはキスというわかりやすいメルクマールを通じて、あらゆる存在の弁証法的な腫れぼったさを、魔法の上塗りを、人間性を失い自らが何者であるかさえ忘れてしまった者をしなやかに武装解除させる。(10) そして自分自身のコンプレックス「複雑な呪い」(カルシファーの指摘)さえも武装解除する。ハウルの動く城の中に

(7) 砂田麻美『夢と狂気の王国』(二〇一三年一一月 ドワンゴ)。
(8) 谷崎潤一郎『細雪』(戦中戦後に執筆、一九四九年に全巻刊行)。
(9) マルクル「でも勝ったって書いてあるよ」。
荒地の魔女「バカ者だけさ、信じるのは」。
(10) ソフィーのキス
1 魔王になろうとする獣身のハウルに。
2 ハウルの心を放そうとしない荒地の魔女に。
3 自己犠牲を払ってくれたカカシのカブに。
4 解放されたカルシファーに。
5 ナルシシズムを払拭したハウルに。

潜入することによって。あるいは王宮に赴くことによって。そして彼女自身が冒頭で呪いを受けることで定住して離れずにいた家を出て、ノマド性を獲得することによって。

ハウルも、カルシファーも、カカシのカブもすべての存在が自らの存在を徐々に明かしあい、それぞれが他者のために尽力し、お互いの記憶を時間をかけて共有しあう。それに対してサリマンは効率的に、直線的に、他者の姿を発《あば》こうとする。サリマンはハウルや荒地の魔女に対して、魔法陣などを用いて直線的に、効率的に、強制的に、相手の姿を暴力的に発く。

究極の他者理解とは、お互いの記憶を相手の立場に立つことを通じて共有することである。これは現代社会における国家間の関係性や、わたしたちの家族観の在り方の変遷、そして開かれるようで閉じられつつあるインターネット世界の問題にも敷衍できよう。

人間のなかの憎悪やおぞましさをけっして隠蔽することなく、露骨に、そして正面から向き合うこと。「善」と「悪」を弁別しないこと（＝勧善懲悪の否定）。これらを隠して「ない」、あるいは「なかった」こととする社会は二項対立の輪郭をより明確にし、原理主義同士の争いを加速させるだろう。それが現代におけるメディア（もちろんここではテレビやインターネット、新聞だけでなく、うわさや口伝の類も含む）とそれを取り巻くわたしたちの状況でもある。追い詰められ、隠されてゆくものの突発的な暴発可能性に対し、それをしなやかに回避すること。宮崎映画は現代人にとってのカタルシスそのものであり、それは近代が負と認識してきたものを反転させ、「曇りなき眼《まなこ》」（『もののけ姫』）で正視する姿勢である。

わたしたちは理解しやすいように理解し、加工された歴史叙述を吟味検討することなしに受容しようとする。そしてそうした理解を曇らせてしまうものがナルシシズムでありルサンチマンであり、自己に対する究極の不安なのである。

『千と千尋の神隠し』において、千尋がいまでは埋め立てられたはずのコハク川から拾い上げられた「それはかつてあった」（ロラン・バルト）記憶を憶い出したように、ソフィーはハウルとカルシファーの始源の契約の瞬間を憶い出すことによって、映画の冒頭でのハウルからソフィーへの最初のせりふ――それはハウルの一言目でもあるのだが――、

「やあ、ごめんごめん。探したよ」

という言葉の意味を深く、そして正確に理解したことであろう。ハウルはをソフィーとの約束を覚えていたのである。これは兵士のナンパを防ぐための虚言ではなく本音のせりふだったのである。

ソフィーのキスは最後に魔法をひも解くものであって、それがサリマンの使う瞬時に醜い姿を発ききる魔法陣と違うのは明らかで、関係性が成立せずにキスをすることはできない。ソフィーがキスに至るまでにはカカシのカブやハウル、カルシファーやさらには荒地の魔女と映画の最初から最後まで焦らず、じっくりと関係性を築きあげねばならなかった。サリマンの他者に対する暴力的で効率的な発き方と差異があるのは明らかである。またソフィーが上塗りされた魔法を解除して始源の姿を恢復《かいふく》させるのに対して、サリマンの使う力は本当の年齢に戻った荒地の魔女のように魔法に頼り消尽後の世界を発く点で大きく異なる。

コラム② ソフィーの作法――キスと脱構築する身体

・ハウルの服装は物語冒頭のピエロ風あるいはホスト風の華美な服装から、装身具、シャツの模様、髪の毛の色、表情に至るまで、徐々に簡素化されていく。少年時代のカルシファーとの契約の始源のハウルの姿に近づいていくと同時に、魔法を学んでいる王宮の少年たちがハクに近似することにも注意しよう。

・ハウルの動く城はソフィーが覚悟を決めてカルシファーを中央から移動させることによって板一枚に解体され、最後に自然風景と同化する（タタラ場の解体と自然との同化、自然における異物の除去）。すなわちソフィーの「ハウルの動く城」への乱入が、城の解体を招く結果となっている。千尋が行く先々で登場人物や場所を脱構築するように、ソフィーの歩行とともにあらゆる構造は骨抜きにされていく。

・ハウルとソフィーは徐々にお互いの正体と記憶を確認し合う。マルクルに拠れば失恋したとき以来緑色のネバネバの液体となったという身体的にも精神的にもありのままの情けないハウルの面倒を見る。ハウルの虚飾のない異形の身体を正視し、受容する。ソフィーの帽子屋の記憶をハウルは再現し、共有し、同じようにソフィーはハウルの幼年の記憶を交換／共有する。

↓一方ではハウルにとっても気取らずにありのままの身体を曝け出すことをソフィーに許容したことでもある。

・登場人物たちはおたがいに、カルシファーとハウルの契約の内容、ソフィーの本来の姿（帽子屋の娘）、カブの本来の姿と感情（隣国の王子であること、ソフィーに片思いしていること）、マルクルの感情（「ねえ、ソフィー、行かないで」とマルクルはソフィーに擬似的に母親の役目を期し、甘えている）などを徐々に明かしあう。非効率的だが誠実にそして着実に、彼らは他者認識を通じて相互理解をはかる（サリマンの効率性と対峙する）。

・人間にとって構築物は守るべき対象となる。そのことに気付いたソフィーは、ありとあらゆる構築物をなくしてしまえばいいと考えるようになる。ハウルは徐々に身体と精神の窮屈な衣服《チョッキ》を脱ぎ、またソフィーは拠りどころとなる城を破壊する。

・キス（ソフィーからハウルへのキス、ソフィーからカカシのカブへのキス、ソフィーから荒地の魔女へのキス、ソフィーからカルシファーへのキス）は獣性化する身体を解放し、彼ら／彼女らを本来の姿に戻す魔法以上の力である（「魔法で作ったんじゃ何もならないからね」『千と千尋の神隠し』の銭婆の台詞）。固化・固着するものをしなやかにひもとく力である。王宮の階段を登る際の荒地の魔女とソフィーの競争のシーンはそのメタファーだ。

ハウルの動く城も最終的には解体されて、板一枚となってついに自然の風景と同化する。もはやそこに腫れぼったさや異物感は存在しない。残ったものはナルシシズムでもなくルサンチマンでもなく、素直な皺のない伸びきった正直な心である。すなわち他者へのまっすぐな愛である。それは戦争を終わらせる力でもある。ソフィーははじめこそ自己内部へと向かう彼女の卑屈さ（ルサンチマン）から、それに見合うかたちで皺のある身体を与えられたが（千尋が自らに見あった「千」という名前を与えられたように）、ハウルへの愛を自覚し、愛を素直に発動させることで、ソフィーの表情と行動は一段と晴れやかで、自発的なものに近づいていくことだろう。

一方のハウルも、自己内部へと向かう視線（ナルシシズム）がソフィーへの愛を自覚することで、自らの記憶を他者と共有し、裸の自分をさらけ出すことになるだろう。[11] そのときハウルは守るべきもののために逃げることをはじめてやめるだろう。[12]

しかしソフィーは――今回に至っては――ハウルがソフィーを守るために新しく調度した家を解体し、家族が拠って立つべき中心性すら脱構築してしまうだろう。このとき、「マルクル」の名詮自性すなわちマルクス的な意味合いも検討しなければならなくなるだろう。あたらしく夢想された「家族」[13]も、はなはだ実は解体可能性に満ちている。[14] それは血縁関係の強固な、固着的な

---

(11) ハウルの変容

・「守るものができた、君だ」（ハウル）→ハウルのノマドロジックな恋愛の変容。

・ソフィーの気持ちに配慮した引っ越しと部屋の模様替えをする（ソフィーの記憶を共有すること）。

・自らの思い出の場所を紹介する（ソフィーにさらけだすこと）。
・守るべきもののための魔法の使用。

（12）逃げ続けるということ
・ハウルは恋愛から逃げ続ける。
・ハウルは荒地の魔女から逃げ続ける。
・ハウルはサリマン（あるいは国家の招聘）から逃げ続ける。
・ハウルの動く城は動き続ける。
・ハウルは身代りにソフィーをペンドラゴン夫人として差し出す。

（13）家族意識の誕生
・カルシファー、ソフィー、荒地の魔女、マルクル、牝、カカシのカブをすべて家族と繰り返し呼び強調するハウル。
・「我が家族はややこしいものばかりだ」（ハウル）。
・「家族が増えたからね」（ハウル）。
・「家族？」（マルクル）「そう、家族よ」（ソフィー）。

（14）新しく作られた家族（しなやかなコミューン）の解体可能性
・しかし、家族もある意味においてはひとつの構築物、小さなコミューン、しばられた契約である。
・血縁関係に立脚しない家族（比較すれば、細田守監督の『サマー・ウォーズ』（二〇〇九）の「陣内家」のような強固な血縁関係は存在しない）。
・『ハウルの動く城』では今後の関係性の組み替え可能性が暗示される。
・「この浮気者！」（サリマンが牝に対して）。
・「心変わりは人の世の常」（隣国の王子とソフィーの恋愛可能性。絵コンテには台詞がなく、書き加えられた言葉である）。「あら、いいこと言うわねえ」（隣国の王子に応答する荒地の魔女）。

家族ではない。宮崎は映画の最後の場面において「浮気者（サリマン）」「心変わりは人の世の常（カカシのカブ）」という言葉を連発させ、ハウルと荒地の魔女の終わっていない話し合いがこの段になって担保される。またソフィーに恋をする隣国の王子（カカシのカブ）の秘めた心が明かされる。ソフィーの恋愛可能性はまったく閉じられていないのである。

もし細田守の『サマー・ウォーズ』[15]と比較すれば、それは血縁関係に立脚した家族形成の物語であるのだが（陣内家に非血縁の主人公健二と侘助が乱入し、しかし最終的にはこれらの非血縁の二人も大家族に取り組まれていくストーリーである。健二は夏希と結婚し陣内家に婿入りすることになるだろう。愛憎一体の気持ちで陣内家から離れた侘助も、ラブマシーンとの共闘によって陣内家に戻るだろう。そして世界を救うために、ドイツの少年も、世界中の人がみずからのアカウントを「美人だから」という理由で夏希に預け、彼ら自身は血縁の大家族である陣内家の背景に匿名化するだろう）、宮崎駿の『ハウルの動く城』においては、ハウルが「わが家族はややこしいものばかりだ」とその寄せ集め感が繰り返し強調され、一切血縁関係には立脚しない家族なのである。そもそも家出をした時点で、血縁関係から遠ざけられているのだ。

平和を担保するものは他者の立場からの記憶の共有、そして究極の他者に対する理解そのものだ。家族でさえもひとつの構造物となってしまうことを理解している宮崎は――だからこそ血縁の家族関係を映画の中で強調することは極力避け、映画内で約束されるのは宗介と半魚人であるポニョとの婚姻、人間フジモトと人魚グランマンマーレの婚姻、千尋と川の精霊ハクとの恋、といったような人間以外の〈究極の他者〉との異類婚姻譚なのだ――そうして形成された寄せ集めの〈家族〉ですらさらなる解体可能性を示してしまう。冒頭でも述べたように、脱構築することはひとつのまた新しい体制を生み出してしまう。だからこそ脱構築し続けること。それが権力装置に取り込まれず、既得権益に安住・定住することなく、つねに安定した構造を揺り動かす遊撃的なポジショニング、ノマド的な身体であるのだ。「動く、壊す、キスし続ける」、これがソフィーのとり続けた態度である。その意味で、ハウル以上にソフィーは真のノマド性を有していると言うことができるだろう。

畢竟《ひっきょう》、『サマー・ウォーズ』はきたるべきポストポストモダン社会の様相を、ポストモダンへの反動としてのモダン、すなわち血縁や地縁による大家族への回帰欲望やアノニム（匿名性）による大団円（unknownさん＝ラブマシーンと世界中のアカウントを集めたもうひとりのunknownさんである夏希）への欲望に帰結させるけれども、[16]宮崎駿の映画作品はモダンへと回帰すること

（15）『サマー・ウォーズ』（監督・細田守　脚本・奥寺佐渡子　制作・マッドハウス　二〇〇九年）。
（16）あるいはポストモダン的な「つながり」からモダン的な「つながり」へ。映画のキャッチコピーには「つながりこそが、ボクらの武器」とあり、「つながり」の質が問題とされている。

を断じて許さない。痣《あざ》は薄くなることがあっても決して消えることはない(17)。千尋の記憶は失われているように見えて、髪留めがしっかりと記憶を結いとめることだろう。常に〈周縁〉を意識することなく〈周縁〉をさまよい続ける存在を主人公に据えること。そうしたあわいの人物だからこそ、「もののけ」にも出会うことができる。『もののけ姫』のラストにおいても、アシタカとサンはお互いを想いあっているにもかかわらず、一緒に定住することなくさまよい続けることを選んだ。千尋とハクはともにこちら側の世界に帰還することはなかった。ハウルの動く城はこれからも動き続けるだろう。

(17) 身体に残される／刻印される旅と経験の記憶

・「物語」はなかったことにはならない。
「一度あったことは思い出せないだけで、必ず忘れないものだよ」(銭婆) ↓記憶・歴史叙述の問題へ。
・千尋の髪留め(『千と千尋の神隠し』)。
・アシタカの痣(『もののけ姫』)。
・ソフィーの星色に染められた髪(『ハウルの動く城』)。
・荒地の魔女の呪い(ハウルへの恨み)。
↓経験はなかったことにされずに、皮膚に経験として刻まれていく。そして必ず物語の最後に読者によるその視認が行われて、物語は終わる。

キーワード集

中心と周縁

◇動く城であるということ

宮崎の発言によれば、「動く城」であるということが映画の半分を決定づけている（もう半分は「一八歳の少女が九〇歳のお婆ちゃんになること」）。本来鎮座すべき城が移動し、可動的であることは、王宮を中心として同心円状に都市が作られてきたヨーロッパの都市の在り方とは決定的に対峙する。常に中心はポストモダン的に骨抜きにされる。人々には荒地にいると思わせつつ、実際にはキングスベリーや港町、戦場、途中の改造改築を経て括り変えられて、ソフィーの記憶、ハウルの記憶等、同時多発的に移動可能となっている。

◇周縁を周遊し続ける登場人物

・ハウルとマルクルは在野の魔法使いであり続ける。王宮の招聘をことごとく固辞し、権力の中枢やその後継者に取り込まれることから逃げ続ける（『もののけ姫』においても、アシタカとサンは最後に共に暮らすことを選択せず、周縁を周遊し続ける。中心に取り込まれず永遠の放浪を宿命とする宮崎アニメの主人公たち）。

・クローズアップされる周縁性。トトロ、もののけ、アシタカ、エボシ、サン、ジコ坊、魔法使い、人魚、患者たち、戦勝パレードの陰にたたずむ人たち。
・中心（王権）を描くための周縁、周縁を描くための中心という二元的構造に取り込まれずに（＝周縁が中心に移行して再生産されないために）、周縁意識なく移動し続ける登場人物たち。

サリマンの夢見たもの

サリマンの夢見たもの、それは近代的な自己同一性と、中心と周縁（①周縁を中心に取り込むこと＝在野の魔法使いを魔女狩りすること、あるいは彼らに王権への協力を促すこと、②中心から周縁への視線＝守られた宮殿の内部から外部の市街を管理すること）の二元的な構造である。こうした固着性はノマド性とは著しく対立する。

◇サリマンの使う魔法円
・かごめかごめ（『ネットで百科』）
日本各地に伝わる伝承遊びの一つ。〈かごめかごめ〉の歌に合わせて遊ぶ。かつては女児の遊びとして日常的なものであったが、近年この類の遊びは見られなくなった。時代、地方により歌詞や遊び方は多少違うが、大要は以下の通り。

（1）一人がかがんで両手で目を覆い、その者を中心に他の全員が手をつないで円形を作る。
（2）〈かごめかごめ　籠の中の鳥は　いついつ出やる　夜明けの晩に　つるつるつっぺった（あるいは、ツルとカメとつっぺった）〉と歌いながら円を描いてまわり、〈後ろの正面だあれ〉と歌い終わったところで進行を止めて中心を向く。
（3）中心にかがんでいた者は、自分の真後ろにいる者の名を当てる。
（4）当たればその者と交代し、当たらなければそのまま目を覆ってかがみ再開する。一説に〈かごめ　かごめ〉は〈屈（かが）め　屈め〉という語の転訛《てんか》であるともいわれる。このほかにも同類型の遊びがあり、江戸後期の〈回りの小仏〉などはその好例である。

↓サリマンの望むのは中心性を持った構造の再反復である。ハウルの交代要員として用意される小姓のコピーたち（幼いハウルに近似する）。ハウルを自らの後継者として中心に据えようとする。「すばらしい才能の持ち主でした。ようやく後継ぎに巡りあえたと本当にうれしかったのです」（サリマン）「籠の中の鳥」「ハウルは逃げたつもりでしょうけど……」と帽子の真中に開いた穴からサリマンが覗き見る先にいるハウル。

◇柳田國男の「かごめかごめ」論（「神隠しに遭《あ》ひ易き気質あるかと思ふ事」『山の人生』一九二六年）
古い信仰では朝野共に、之を託宣と認めて疑はなかつた。それのみならず特に其様な傾向ある小児を捜し出して、至つて重要な任務を託してゐた。因童（ヨリワラワ）といふものが即ち是である。一通りの方法で所要の状態に陥らない場合には、一人を取囲んで多勢で唱へ言をしたり、又は単調な楽器の音で四方から之を責めたりした。（中略）「中の中の小坊主」とか「かアごめかごめ」と称する遊びは、正しく其名残である。

抑制される「火」

カルシファーは自らの火と戦争の火の区別化を図る。またカルシファーの火に対して、荒地の魔女は「きれいな火だね」という評価を繰り返して表明する。過剰な火は戦争の火へと転用される。ソフィーはロウソクの火を極力用いることで火の過剰使用には与《くみ》しない。またカルシファーをフライパンの火として扱えるのはハウル以外ではソフィーだけであり、そのことが驚きをもって記述されている（「すごいだろ、ソフィーが置いてくれたんだ」〈カルシファー〉）。ソフィーはカルシファーの火を適正なかたちで扱う事ができる。『千と千尋の神隠し』において千尋が、カオナシの表象である「欲望」と適正に付き合えたように（欲望は必要なものだからなくなりはしないが、「おとなしくしててね」と適正な自覚のもとでこそ扱うことができる）。

・「きれいな火だね」（家庭のなかの穏やかな火の使用を見て、荒地の魔女）。
・電気に頼らず、ろうそくの火を使うソフィー。

文明生活を保証する「火」

・「油屋」のなかで唯一エネルギー生産を担っているボイラー室と釜爺の扱う火。労働に従事するススワタリと釜爺。(『千と千尋の神隠し』)

・「タタラ場」において、金屋子神によって本来忌まれるはずの女性たちによって生産される鉄とふいごの火。その施設をめぐる権力争い。(『もののけ姫』)

・「巨神兵」と火。巨神兵をめぐる権力争い。(『風の谷のナウシカ』)

・ハウルしか扱えないカルシファーの火。契約の始源に立ち会ったソフィーは例外的に扱うことができる。

・「そっとやってくれ!」とつねにその扱いに注意を求めるカルシファーの火。

・「おいら、火薬の火は嫌いだよ。やつらには礼儀がないからね」と自身と火薬の火の差別化を図るカルシファー。「わしらは最小限の火しか使わぬ」という風の谷の老人(『風の谷のナウシカ』)の台詞を思わせる。

・火が地上に降りたものとしてのカルシファー、ハウルとの契約。

・人間と火の契約は一方で「呪われた夢」(『風立ちぬ』)のはじまり。

・「見えない契約」(見えなくなってしまった契約)こそが「世界の約束」(『ハウルの動く城』)における谷川俊太郎作詞の主題歌)である。私たちが生まれたときには火と人間の契約はすでに締結されてしまっている。ハウルとカルシファーの契約は、人間と火の契約の始源であり、それはすでに前提としてわたしたちの前で隠蔽されてしまっている。

↓カルシファーの火は鎮座された場所から移し替えられたことはいまだかつてなく、カルシファーが城から移動することで城はたちまちにして壊れてしまう。文明生活は火の力によって成り立っている（部屋の再調度もカルシファーの力によってなされている）。しかしその火の力をめぐって人間同士の戦いは血みどろに繰り広げられ、人間は自らが三下になっているのにさえ気づかない。かつて自分が人間であったことも、火と契約をしたことも忘れて、歴史は繰り返される。最終的に城は徐々に簡易化して板一枚となって解体し、自然と同化する＝巨神兵の死（『風の谷のナウシカ』）、天空の城の崩壊（『天空の城ラピュタ』）、タタラ場の爆発（『もののけ姫』）、油屋（『千と千尋の神隠し』）も当初は壊される設定だったがのちに変更された。最終的に自然における異物は映画内で除去される。

戦争に使われる「火」

・カルシファー「生きものと鉄の焼ける匂いだ。くさい」
・カルシファー「おいら、火薬の火は嫌いだよ。やつらには礼儀がないからね」
↓戦争のシーンは火の過剰な濫用の描写で描かれる。

・ハウル「同業者に襲われたよ」
・カルシファー「もう戻れなくなるぜ」
・ハウル「いや、三下だが怪物に変身していた」
↓火の魔力とその濫用は人間を人間ならしめぬ存在とする。
・ソフィー「あんなお化け、ほかの人には見えないのかしら」
↓カオナシのようにアノニムな存在は人間に憑依する。イデオロギーはそもそもが匿名性を性質として帯びているから、個が失われるときには主体を呑み込んでしまったりする。

強調される王権批判――「火」の獲得とコントロールによって成り立つ王権

・キングスベリー（kingsberry）。
・ハトの糞だらけになったままの将軍の銅像。
・交戦好きの陛下と燃えさかる街、疎開する「国民」。
・王室付き魔法使い。
・まるで王さまのいる都だねえ。
・ソフィー「ここは変です。招いておきながら年寄りたちに階段を上らせたり、変な部屋に連れ込んだり。まるで罠だわ」
・カカシのカブは隣国（戦争をしている相手国）の王子である。

↓「王権」や「将軍」、「戦勝による兵士の思い上がり（パレード中の将軍たちの恍惚とした表情、兵士の道ばたでのソフィーへのナンパ）」に対するソフィーの嫌悪感。「いや、私こういうのだめ」（ソフィー）。栄光の陰に、打ちひしがれる民衆の姿も描かれる。

ナルシシズムとルサンチマン

◇ハウルのナルシシズム
・ハウルにとっての次から次へと続く恋は自己本位の恋愛である。
・ハウルにとって恋とは相手の心臓を奪うことだけが主眼である（キングスベリーの女性たちの噂）。他者を自己同一化する過程に興味があるだけで、自己同一化された他者にはまったく関心がない。
・エゴイスティックで、ナルシストな美意識。ファッション、家の調度、ハウルの動く城のキッチュ。
・**ハウル**「美しくなければ生きていても仕方がない」
↓ソフィーも、ハウルも、千尋も、はじめは自己にのみ意識が過剰に向けられている。

◎ソフィーのうっ屈する内向きの身体
・ソフィーは冒頭でルサンチマンが邪魔をして他者（レティ、母、異性、雇い人）たちとつきあいが上手にできていない。
・ソフィーの周りには自信過剰な人々しか描かれない（男たちの注目を集める華やかな妹レティ、金持ちと再婚する煌《きら》びやかな母、白昼堂々口説いてくる兵士）。
↓すなわちソフィーは自らの精神に見あった身体を与えられたことになる。後述するようにもちろんここでは老いや皺を負としているわけではない。ソフィーはむしろそれによっておせっかいになり、他者に意識が向くようになる。『千と千尋の神隠し』において千尋が「もったいない名前だねえ」と湯婆婆にその精神に見あう名前を与えられたように。

ストーカー化

◇荒地の魔女の執着
・ソフィーを通じて手紙を渡す。「汝、流れ星を捉えし者、心なき男、お前の心臓は私のものだ」（古い魔法）。
・あとで話をつけることの約束をハウルと取り付ける。
・ハウルの心臓をつねに狙う。
・「今ももちろん恋しているさ」
・「ハウルによろしくね」

◇サリマンの執着

・自分のところを去った弟子ハウルを招集を通じて呼び戻そうとする。もしくは兵士や三下を使って強制捜索する。ハウルの弱点を掴む。

・「逃しませんよ」

魔法と清め——掃除する身体

・掃除の本義は「清め」。

・魔法やまじないを清めるものとして掃除は機能する。湯婆婆の部屋（『千と千尋の神隠し』）、ハウルの浴室、寝室のまじないとしての雑然。ハウルの部屋の清掃を行うこと、ハウルの髪の毛の色を戻すことで、まじないは脱構築される。

・魔法の力に頼りすぎた荒地の魔女は魔法の力なしではもはや階段を上ることができない。一方、同じように老婆であっても、魔法を用いずかつ魔法以上の魔法である愛の力によって、ソフィーは牝を背負った状態でも上りきることができる。

臆病と魔法——失うことの怖さから

・怖いから部屋にまじないをかけるハウル。

・「自由に生きるのに要るだけ」偽名を持つハウル（ノマド的でもある）。
・獣性化する身体（ハウルが最終的に魔王になる可能性が語られる）。
↓問題は臆病であることではない。臆病であることは自然なことで、逃げるハウルは否定的に描かれてはいない。臆病であることが、サリマンのように他者への力まかせの抑圧や支配へと向かうことなく、いかに自らが臆病であることを正視できるか。また魔法に頼ることを最小限にとどめることができるか。資本主義の発生由来は人間の臆病によるものだが、もちろん臆病それ自体が悪いものではない。問題はそれを隠さず正視できるかどうかである。

ソフィーの変容、ソフィーが泣くこと

・ソフィーは老いた身体を獲得してのち自己内部へと向かっていた視線がうっ屈せずに他者の世話を積極的に焼くようになり、開き直って行動的になる。
・他者への愛の認識。
・王宮の招聘に際しハウルの母を偽装するソフィー（家族意識の発生）。
・労働契約の関係からドメスティックな関係へ。
・ハウルのすべてを見て、すべてを受け容れるソフィー（弱さ、臆病、幼稚、裸体、魔王に近づく異形の身体、すべてをありのままに受け容れるソフィー）。
・自らがハウルのために臆せず「泣く」ソフィー（かつての自閉したソフィーであれば公衆の

面前で泣くことなど考えられなかった)。

↓ルサンチマンの解消へ。単線的な自己意識から他者認識を通じた自己認識へ。

ソフィーの心情の変化に身体は敏感に反応する。他者認識が機能しているとき(=愛しているとき)、ソフィーは若々しい姿を見せる。またルサンチマンがぶり返すとき(「ソフィーはきれいだよ!」〈ハウル〉)、瞬時に老いた身体となる。

＊ただし、ここでは若くあることを是とし、老いることを非とする価値観ではない。

家族となるための通過儀礼

1 掃除婦を名乗り、城の掃除をすること。

2 ソフィー、ハウル、マルクル、荒地の魔女、犲、カルシファーが皆で料理や食事をともにすること(『サマーウォーズ』の家族意識醸成と共通する)。

3 ソフィー、カカシのカブ、マルクルで一緒に洗濯をすること。

4 ソフィーがハウルの母を偽装すること(ちなみにペンドラゴン夫人の名は帽子屋に由来し、ソフィーの記憶をハウルが大事にしていることの意志表明にもなる)。

5 城の引っ越しをすること(城の再編成を行うこと)。

6 犬を飼うこと。

7　荒地の魔女を「家主さん」と認識するソフィーの母。

「我が家族はややこしいものばかりだ」（ハウル）、「家族」（マルクル）など、非血縁の他者たち（隣国ましてや敵国の王子、荒地の魔女、サリマンの手下である牡（犬）、ハウル、ソフィー、カルシファー、マルクル）のパーティが家族意識の芽生える伏線となっている。

4　崖の上のポニョ――「空」から「海」へ

ノモス[1]からピュシス[2]へ

いままで幾度となく「空」(『風の谷のナウシカ』『天空の城ラピュタ』『紅の豚』『ハウルの動く城』)の世界に対する夢や憧れとその崩壊を、シジフォスが何度も岩を頂上に積み上げるように描いてきた宮崎駿が、一気にその関心のベクトルを〈高さ〉から〈低さ〉の位相へと急降下させて「海」の世界を描いたのが本作『崖の上のポニョ』[3]である。「――海よ、僕らの使ふ文字では、お前の中に母がゐる。そして母よ、仏蘭西人の言葉では、あなたの中に海がある」[4](母は mère で、海は mer)という三好達治の著名な詩の一節があるように、今回宮崎の関心は「空」の世界の父性的ノモスの崩壊ではなく、グランマンマーレ(直訳すれば「偉大なる母性」)の登

(1) 人間の秩序や規範のこと。英語の -nomy はノモスに由来する。
(2) 純粋な手つかずの自然のこと。pure の語源ともなる。
(3) 『崖の上のポニョ』宮崎駿原作・脚本・監督　スタジオジブリ　二〇〇八年　東宝配給。
(4) 三好達治「郷愁」(『測量船』第一書房　一九三〇年)。

場に明らかなように、母性的ピュシスの根源いわゆる手つかずの自然を描くことへと向かった。その際に万物の生命の根源である「海」を舞台としたのはごく自然の成り行きであったことだろう。

極小化されるノモスと極大化される母性的なピュシスの物語

この物語で父性的なものはきわめて矮小化されるか、あるいは追放されている。登場する主な舞台――たとえば保育園とデイサービス――は女性中心の社会として描かれていて、まれにデイサービスに男性職員の姿も登場こそするがそれは極めて少数だ。壮年期の働き手らしき人物は海で交通誘導する男性を除いてはほとんど登場しない。宗介の父親は半ば家から追放されていて、遠洋で海上生活を送っているためなかなか自宅には帰ってこないことがリサの不満の口吻《こうふん》を通して語られている。すなわちこの物語で父性ははじめから遠ざけられているのだ。またフジモトはもとは人間であって、ポニョの父親であるものの、極めて暗い夜の海を跋扈するように揺蕩い、様子を外からひそひそと垣間見するように描かれたり、廃棄物で汚染された昼の海を航海したりする。また「あのひと」(ポニョの母親であるグランマンマーレのこと)と出会うときには胸がドキドキしてしまう。物理的な大きさにおいてもグランマンマーレにとても及ばない極小化された姿で描かれており、この物語においては人間界の規範やルールすなわちノモスがきわめて発揮されにくいかたちで世界は形作られている。

一方先述のように、母親たちの力はクローズアップして語られる（「ポニョのお母さんは？」〈リサ〉「お母さん、だいすき！」〈ポニョ〉）。宗介が風で吹き飛ばされそうになったときも、切り立つ崖の上から（その場面の直前には石灯籠らしき津波の記憶を残しているかのようなモニュメントもあった）必死に手を伸ばして懸命の力で我が子を受け止めるのは母の力だ。また宗介が波に連れ去られたポニョを捜して、神隠しに遭った子どものように無我夢中で海の深いところで溺れてしまっていたときも、それを掬《すく》い上げるのは母親のリサだ。宗介は母の愛にこの時点では全面的に庇護され、デイサービスひまわりの家のヨシエさんやみずえさんをはじめとする地域のひとびとにあたたかく見守られ、保育園の友人の女の子たちや女性の先生に慕われて、彼女らに囲まれて暮らしている。彼の周りに配置されているのは意識的に女性だけだ。

他方、男性たちはフジモトにしても世界（月と地球）のバランスやそのコントロールにひたすらいそしんでいる（「あぶない。あぶない。カニよけの結界がゆるんでいたとは。生態系のバランスをくずすところだ」〈フジモト〉）。そうしたノモス的な認識と世界の把捉に対して揺さぶりをかけるのがピュシス世界の豊穣と荒々しさ、その爆発する姿だ。「わたしの力ではおさえてもいっときだ」というポニョに対するフジモトのセリフからもわかるように、この物語ではピュシスの力はコントロールする力を超えて制御できない津波の姿を通して語られる。『もののけ姫』で描かれたように、人間が制御できない「自然の純粋な力」はピュシスの力そのものである。「無垢」というキーワードも登場するように（「いつまでおさなく無垢であればいいものを」〈フジモト〉）、ノモスに塗《まみ》れる以前の純粋な力である。冒頭の海の描写は海月《くらげ》たちの細胞分裂が描かれ、ピュシス世界の生命の豊穣さを表象している。一方、ピュシスの力は恵みであると同時にわたしたちの命を奪いもする暴力的な側面も持ち合わせている。宮崎は安易で一面的なエコロジー観には染まっていない。そもそも自然を庇護すべき弱い立場だと考えること自体が人間中心主義的で、一面的な自然観だ。宮崎は自然の暴力性と贈与性、その両方を見詰めている。

ピュシスの爆発的な力は生命起源の神話としても語られる。卵子のような海の泡の被膜に閉じ込められたポニョは、群がるいもうと達に膜を甘噛みされることによってついにその膜が破れて、その後ワルキューレ風の音楽に乗って地上（人間世界）へと垂直に向かうことになる。

絵コンテには、「つんつんとつつき、ポニョ反応なし。近よってカジカジはじめる。もう一匹くる。次々と来る。（中略）全部うまっちゃう。（中略）フワッと全体が白濁するがそれも一瞬」と書き込まれている。

ピュシスの力をノモスの力は抑えることができない。いつもノモスは起きたことをあとから定義付けし、認識しやすいようにフリーズさせる後付け的な力だ。ノモスの力は事象を説明しようとして言葉を選ぶ。そして言葉による認識を通じて世界を把捉して人間にとって理解しやすいかたちへとバリアフリーに変貌させる。この映画ではピュシスの力が描かれているから、いくら言葉で世界を把捉してみようとしても、その説明は映画内ではいつか拒まれてしまう。「これは除草剤ではありません。過度の乾燥をさけるため深い海のきれいな水…」（フジモト）と言っている途中でリサに「除草剤じゃないならけっこうです」とさえぎられる。「いかん‼　人工衛星までおちはじめた。星の重力場の崩壊、第二段階」と言うフジモトに対して、グランマンマーレは「しずかに」と大きな手でフジモトを包み込みその言葉を制する。フジモトは「いかん！　個体の先天的劣等因子がＤＮＡの汚染で覚醒した！」とか「海の力がＤＮＡのラセンのすみずみにしみわたる」と軒並み説明調に語ろうとする。ポニョの力を抑制したり、海の力をコントロールしようとする（「フジモト、ポニョを閉じ込めるの。ポニョ、逃げ出してきたの」〈ポニョ〉）。

一方それは宗介も同じである。なぜなら彼は最初はことばを持たないポニョを人間世界に誘う者だからだ。そして将来的にポニョとカップルになりえる者としての父性を有している。「電気を起こして耕一と通信するんだよ。耕一はぼくのお父さんだよ」「プロパンだからだよ」「丘の上に水道のタンクがあるからだよ」「古代魚だ。デボン紀の海のいきものだよ」「ディプノリンクス」「上々だよ」「しめた」「しめしめ（二回）」（以上、宗介）などなど。これはかなり説明調あるいは大人びた言葉づかいであって、五歳の男の子が「しめしめ」とか「上々」とか言うことを少なくともわたしは聞いたことがない。もちろん、そんなませた少年もこの世のなかにはいるのだろう。しかしながらこれはわざと宗介に言わしめているのだとも思える。スプーンの使い方、ラーメンの食べ方などの作法を逐一ポニョに教え、宗介は人間世界のルールにポニョを教え導く者である。彼はポニョをピュシスの側からノモスの側へと導く者だ。

ポニョの立ち位置は、もののけからは人間視され、人間からはもののけ視される「もののけ姫」と同じく中間的な存在である。人魚姫とは異なり、ポニョは人間世界での生活を選ぶ。そして運命は宗介に託される。「ブリュンヒルデ」ではなく、ポニョっとしているという理由で「ポニョ」と宗介から名付けられた名前を彼女は常に選択しようとする。しかし彼女の名前につけられたオノマトペが彼女の現時点での中間性を雄弁に物語っている。

ポニョというオノマトペ

「クラムボンはかぷかぷわらったよ」（『やまなし』）
「どっどど　どどうど　どどうど　どどう」（『風の又三郎』）
「オツベルときたら大したもんだ。稲扱《いねこき》器械《きかい》の六台も据えつけて、のんのんのんのんのんのんのんのんと、大そろしない音をたててやっている」（『オツベルと象』）

宮沢賢治[5]は作品内にオノマトペや吃音を豊かに取り入れる名手だと言えるが、だからこそ近代文学のなかではもっとも難解な作家のひとりに数えられる。そもそもオノマトペの効用とは何だろうか。オノマトペとはフランス語の *onomatopée* に由来し、「ものの音や声などをまねた擬声語、あるいは状態などをまねた擬態語」のことである。溯ってギリシア語の原義で言えば、「(音をまねて)言葉を作る」ということになる。

つまりオノマトペとは、ピュシス世界にある「語りえぬ事象」をどうにかしてノモス世界に落とし込もうとしたときに発せられる/あるいは発せられようとする境界上の言葉である。「机」とか「椅子」とかノモスの中心に位置する理念の言葉に対して、ピュシス世界とノモス世界との境域にある、その表層ぎりぎりのところで言語化されようとする試みが「オノマトペ」だということになる。

ゆえにオノマトペや方言、吃音などは近代の社会では共通の言葉よりも下位におかれ、差別されることになる。本来は限りないピュシスの豊かさの痕跡を孕《はら》んでいるはずなのだが(だからこそウィトゲンシュタインは「語りえぬことについては沈黙しなければならない」[6]と言い、語りえることについては明晰に語りうるとも言うのである。たとえば『臨済録』[7]では、禅の修行においては師匠は弟子に悟りについての論理的なアドバイスをことばですることをしないし、もしことばで説明するように強要されたとしても、「おととい来ればよかったものを」とか破茶滅茶なことを言って激しく殴打したりするのである。それははぐらかしというよりはことばで説明できな

(5)宮沢賢治(一八九六―一九三三)詩人・童話作家。

(6)ルートヴィヒ・ウィトゲンシュタイン(一八八九―一九五一)オーストリアの哲学者。ケンブリッジ大学教授。この有名な文は初期の代表作『論理哲学論考』(一九二一)の最後の一節にあたる。

(7)『臨済録』中国唐代の仏書で禅僧臨済義玄の語録。

いことを示唆しているのである。座禅においてことばが必要とされていないことからもそれはわかるだろう）、たとえば試験問題に「この論題についてプカプカ説明しなさい」とでもあったら、それはオフィシャルな場ではきっとありえないことだろうし、その言葉が身体に近づけば近づくほどに、すなわち共通する揺らぎのない理念のことばよりも個人の身体に寄り添う土着的な言語となり、ノモス世界においては下位に位置づけられることになる。

佐藤雅彦氏[8]は逆にこうしたオノマトペの情報訴求力を生かしてCMなどを作るメディアアーティストだ。「ドンタコスったらドンタコス」（ドンタコス）、「ピタゴラスイッチ」、「バザールでござーる」などはいつまでたっても耳から消えない強烈なキャッチコピーである。濁音や撥音便《はつおんびん》の持つ触感的なエクリチュール[9]の力強さはピュシス世界の豊饒さと荒ぶる強さに由来しているだろう。

さて本題に戻れば、だからこそ「ポニョ」なのだ。ポニョは強い。自然からやってきた言語化できない、ぎりぎりの境域にいる人魚である。「ポニョっとしてるからポニョなんだよ」とその命名の由来は宗介によって明晰に語られている。彼女は海の世界から来て、宗介の愛の誓いによって人間と自然とのちょうどあわいの名をもらったのである。中間的存在ゆえに「ポニョ」なのだ。

宗介は母の愛に守られてはいるが、ポニョを選ぶにあたっては母親は息子から離れていなければならない。そのために不自然にも母のリサは津波で大しけに見舞われた当日の夜に幼い五歳の宗介を家に残してひまわりの家に向かう。またその予兆はあったわけで、はじめて人間の少女の姿でやってきたポニョが崖の上の家を訪れたとき、抱きすくめようとしたリサをすり抜けてポニョは宗介に抱きつくのである。形式上リサとポニョは宗介を奪い合う関係にある。

リサはいままでのジブリ作品における毅然《きぜん》として合理主義的な母親ではない。超自然現象やそれに直面した子どものふるまいに深く理解のある母親である。夫である耕一が家に急遽帰らなくなってふて腐れていても、ビールを飲んで寝てしまっているように見えるリサはさりげなくそう見せかけて宗介のポニョへの思いとその言葉を左眼で見詰《たしか》めている。そのときの観察が確実に最後のグランマンマーレとの母同士の約束の判断に結びついている。リサにとってふたりの誓いを認めることは、宗介が自らのもとを離れポニョのところに行くことを意味するつらい決断であることはまちがいない。

(8)佐藤雅彦(一九五四—)東京藝術大学大学院映像研究科教授。メディアクリエイター。

(9)エクリチュール　「書くこと」「書かれたもの」を意味するフランス語。

だからリサとグランマンマーレのふたりでの会談にはいささかの悲壮感も漂う（それは最後には宗介へのまったき信頼へと変わる）。「リサさん、つらいでしょうね」とヨシエさんは言い、竜宮城のような水中にいるひまわりの家の女性たちは「わたしたちみんな宗介ちゃんとポニョの味方だからね！」とリサの応援団になる。

宗介は象徴的な意味で母かポニョかを最終的に選ばなければならない。トンネルの奥に至って、半魚人となったポニョの一番醜い姿を見せつけられたなかで、さらに彼女の特権でもある魔法の力を奪われたうえで、ふたりの信頼が試される。宗介の言葉と覚悟ははじめから一貫して揺らがない。

宗介が全き愛を誓うと、フィナーレでポニョの膜に姉妹たちが戯れて生命起源の神話が再び描かれる。そして地上でポニョの泡にキスをするとポニョは五歳の女の子となり、宗介は五歳にしてポニョの「身元引受人」となる。

人間である宗介と半魚人のポニョとの誓いは、「鶴の恩返し」（男と鶴の婚姻）や「オシラサマ」（馬と娘の婚姻）など民話と同様の形式であり、宮崎アニメは繰り返し「川の精霊と少女との愛」（『千と千尋の神隠し』）や「豚とジーナとの愛」（『紅の豚』）、「蟲めづる姫君と王蟲との親近」（『風の谷のナウシカ』）を描いてきた。それは「アニメ」というメディア特性が可能にするものでもあろうが、この異類婚姻譚の意味は自然のエチカがまだ守られていたころの人間と自然との親和性を十分に示す神話であると同時に、究極の他者との結びを表すものとして用意されているだろう。

地上に戻ると、生命の水を浴びたひまわりの家の老齢の女性たちは力強く坂道を歩みだし、最後にフジモトは宗介と固い握手を交わす。父親と将来の父親の握手でもある。フジモトは「ポニョをよろしく頼む」と最後に宗介に託す。そして宗介の父である耕一も遠洋船から帰還し、父親たちが勢揃いで帰ってきて、このピュシスの物語は終わる。

キーワード集

インターテクスチュアリティ（間テクスト性）

宮崎作品ではひとつの作品が内部で閉じられて完結されているというよりは、他作品との連関が可能で、作品の背景に設定されている場所も単純にひとつには絞り切れず、複数が複雑に組み合わされている。ここでは『崖の上のポニョ』をいくつかのリンクから辿ってみよう。

◇『千と千尋の神隠し』『となりのトトロ』

宗介の母親であるリサの名は、『千と千尋の神隠し』冒頭のワンショットへ向けて開かれている。千尋へのお別れの花束に添えられたメッセージカードには実は「理砂」という名前が登場する（千尋はこのとき一〇歳の少女で、『崖の上のポニョ』は二〇〇八年の公開であるから、もし仮に同一人物とするならば一七歳ということになるが、同じ人物ではあり得ないし、また実際にちがうだろうが、ただし同じ名前が出てくるということには着目したい）。このリサの人物造型は、いままでの宮崎が描いてきた合理的な母親像を覆して（『風立ちぬ』の二郎の母親や、『千と千尋の神隠し』の千尋の母親と比較して）、きわめて超自然現象に対しても子どもの視線に寄り添って理解が深い。また千尋の母親が車の窓から入り込んでくるトンネルの奥からの風を「風なり」とノモス的にしか捉えられないのに対して、リサは津波の前の不穏な風を「へんな風ね」としっかりと表現していることにも注意したい。

リサが宗介を抱いて歌うのが「わたしは〜元気〜♪」という『となりのトトロ』のメインのテーマ音楽である。モーツアルトが『フィガロの結婚』の主題を『ドン・ジョヴァンニ』でも使用したように、作品はその作品のなかだけで閉じられることなく他の作品にも開かれて行き来可能な構造をもっている。またこのときのリサの表情にも、またポニョの力が増幅していくときの表情にも一瞬トトロのような表情が垣間見える。

トンネルの手前に残されたリサカーの車内には、時間と水の経過を示す落ち葉の存在がある。これは『千と千尋の神隠し』でトンネルの前でその侵入を防がれた自動車を意識していよう。トンネルの奥のアジール的世界には近代性の象徴である自動車は侵入が許されない。本作においてもトンネルの手前には地蔵が鎮座し、一旦停止を示す標識がある。それらはトンネルの奥の世界が竜宮城（常世）であることを知らせる象徴として機能しているのである。

◇『ハウルの動く城』

デイサービスひまわりの家にいるヨシエさんは、『ハウルの動く城』でサリマンによって魔女狩りに遭い、魔法を無力化されたあとの穏やかな荒地の魔女の再登場のようにも思われる。

◇夏目漱石『門』

夏目漱石『門』には崖の下にひっそりと住む「宗助」が登場する。「『崖の上のポニョ』への道」（『スタジオジブリ絵コンテ全集一六　崖の上のポニョ』所収の月報）には宮崎監督がこの宗助から命名のひとつのヒントを得ていたことが語られている。「しめしめ」「上々」など映画内での宗介の発言と同じく、現代の男の子にしては古風な命名でもある。リサは「崖の上のポニョ」というタイトルをパラフレーズしたような「崖の上の女房」と発言をする箇所もある。こうしてタイトルを意識させることで一時的に観る者の意識を映画の外に連れ出している。

◇アンデルセン『人魚姫』

初めて海上に浮かびあがった人魚王の末娘が最初に見たものを見初めて恋に落ちる。ポニョも最初に目にした宗介と恋に落ちる。アンデルセンの結末では王子が彼女を選ばずに悲恋に終わるが、宮崎はそれをハッピーエンドに仕立てかえた。宗介はポニョへの愛が永久に変わらないことを――人間のポニョでも、お魚のポニョでも、半魚人のポニョでもかまわないと――力強く宣言して物語は終わる。また宗介の血を舐めることでポニョの体に組成変化をもたらすモチーフもアンデルセン『人魚姫』に典拠がある。

・グランマンマーレ「ポニョの正体が半魚人でもいいですか？」

宗介「うん、お魚のポニョも半魚人のポニョも人間のポニョもみんな好きだよ」

◇ワーグナー『ニーベルングの指輪』

ポニョは宗介から名付けられた名を希望するが、フジモトが呼ぶポニョの本来の名は北欧神話に登場するワルキューレ（半神）の一人「ブリュンヒルデ」である。ポニョがその生命力を爆発させて、海から陸へと登場するときに鳴り響く音楽はいかにもワーグナー『ワルキューレ』風に久石譲によって巧みに作曲されている（久石は『風立ちぬ』でも二郎がドイツ・ユンカース社を視察するシーンの挿入音楽をワーグナー風の行進曲に仕立てている）。リサの家が北欧調の調度品（ソファなど）に彩られていることなど、アンデルセンとのインターテクスチュアリティと並行して北欧神話も重要なモチーフとなっている。

なおブリュンヒルデはオーディンの怒りに触れ、その神性を剥奪されたうえで恐れることを知らない男（ここでは宗介？）と結婚させられることになる。ポニョも「人間になるには魔法をすてなければなりませんよ。できる？」（グランマンマーレ）と尋ねられ、ポニョの神性は最後に剥奪される。

＊ワーグナー『ニーベルングの指輪』：『ラインの黄金』『ワルキューレ』『ジークフリート』『神々の黄昏』の四つからなる長大な楽劇で、演奏には十五時間程度、四夜を要する。

二種類の録音をめぐって

『崖の上のポニョ』の公開時に有名となった藤岡藤巻と大橋のぞみの歌う主題歌「崖の上のポニョ」には二種類の録音が存在し、ＤＶＤの特典映像ディスクには不思議なことにその両方が収められている。わたしはこの比較にこそ宮崎監督がこの映画に込めた意味のうちのひとつを見出せると思っている。ひとつはテレビ番組などでもわたしたちが頻繁に耳にする安定した録音で、藤岡藤巻さんはもともと成熟した大人としてはじめから歌唱技術が安定しているけれども、大橋のぞみさんは音楽番組などへの出演を経るなかで、一回ごとにより技術的に成長した後に歌っている完全版である。

もう一つの録音は彼女がまだ八歳と幼く、この歌を覚えたてのときのもので、歌詞の意味もおそらくはよく理解できないままにただ愉しく歌っているときのものである。それは歌詞のフレージング（「崖の上にやってきた」「あの子とはねると　心もおどるよ」「青い海からやってきた」などの箇所）からもわかるとおり、彼女はその意味を解っていないところに関してはフレージングもコンテクストを離れてより闊達で自由である。音楽を言葉で語ることは難しいが、彼女はその言葉の意味（ノモスに囚われた、あるいはノモスを規定しているロゴス）をわからないままただただ純粋に愉しく歌っている。彼女がわかる言葉は「まっかっか」とか「女の子」とか「だいすき」、あるいはオノマトペの「パークパク　チュッ　ギュッ」とか「ベータベタ」「ビョーンビョン」「ニーギニギ」「ブーンブン」という箇所だけである。

宮崎駿監督は彼女の歌がうまくなっていくことに対してとても残念だという趣旨の発言をしている。これは冗談でもあり、きっと真実でもある。だからこそ録音を二種収録しているのである。この手つかずの自然な感情の流露こそピュシス世界の表象であり、この映画が描きたかったことだからで、より技術的に上手な歌はノモス世界に順応してしまっていて、もはやピュシスの痕跡が残されていない。

3Dを使わないこと

この映画の目論見は「2Dアニメーションの継続宣言」と企画書時点で書かれ、CG技術を使うことを拒否して、すべて手で描かれた絵を動かすアニメーションの原点に立ち戻っている。このことも大橋のぞみさんの歌と同じで、宮崎がピュシス世界をこの映画で志向していることを表している。

ここではすべてのメディウムが手描きによって為されている。映画監督の小津安二郎がその作品世界のメディウムを——小料理屋の看板や提灯に書かれた文字に至るまで——すべて自らの文字で書きつけたように、この映画もタイトルロールからキャストロールまですべて宮崎自身の手によって為されている。

津波の描写は北斎『富嶽三十六景』さながら、あるいはそれ以上に大胆な構図で写実的な表現とはもっとも対極にあるけれども、何をもってリアリティとするかはつねに芸術の姿勢であって、ピカソやベーコンの絵がもっとも抽象に見えて露骨に具体であるのと同じで、よりアニメーションの描く津波は真実に近いのではあるまいか。

言葉の力

この物語では発言された言葉はすべてが具現化され、名づける／名づけられること、すなわち人間の世界に引き込まれて社会的存在として生きることは重要なテーマとなっている。そして宗介はポニョとの誓いを「言葉」によって立て、その発した言葉を責任を持って遂行することが問われている。

・トキ「風に飛ばされるんじゃないよ」→実際に飛ばされる。
ヨシエ「あたしたちの足もなめてくれないかしらねぇ」→実際に竜宮城に連れ去られる。

のりこ「もう一回宗ちゃんみたいに駆けっこできたらね」→実際に少女のように駆けっこする。

トキ「人面魚が浜にあがるとつなみがくるんだよ。（中略）つーなみだア〜。つなみがきたよー」→実際にポニョは津波を呼ぶ。

・リサ「水が出るかな？」
ポニョ「出るぅ」（実際に蛇口から水が出る）

・グランマンマーレ「ポニョの正体が半魚人でもいいですか?」
宗介「うん、おさかなのポニョも半魚人のポニョも人間のポニョもみんな好きだよ」
・グランマンマーレ「ポニョ、いい名をもらったのね」

まれびととして津波を呼ぶ人面魚

人面魚が浜に打ち上げられると津波を呼ぶという言い伝えがひまわりの家のトキさんの口を通して語られていて、実際にこの物語でもピュシス世界からの荒々しい力はノモス世界に揺らぎと混乱をもたらすことになる。人魚が幸運あるいは災厄の前触れである話については、南方熊楠『人魚の話』の中でも『碧山日録』を引きながら語られている。それは異界のものが共同体に外からまれびととしてやってきたときに共同体の秩序を揺らす役割をしていることがきっと念頭にあるだろう。二〇〇二年多摩川にアザラシが出現し、その報道が過熱して世間の耳目を騒がして社会現象にまでなったことがあったが、本来いないはずの場所にアザラシが出現したのだからそれは当然畏怖すべきことである。その潜在的な恐怖をわたしたちは「タマちゃん」と名付け、ペット化あるいはキャラクター化してノモスのうちに取り込むことによって、その無意識の恐怖を解消しようとしたのである。もしそれが多摩川の由来たる霊《タマ》を束ねる丹波《タバ》村のタバや霊のタマに由来して名付けたのでないのだとしたら。

＊**まれびと**：折口信夫が使用した用語。異郷から来訪する神または聖なる存在のことで、一定の季節に海のかなたから訪れくるとされた。マレビトとしてポニョを歓待する宗介や、同じようにクサレ神を歓待する千尋という構図の物語類型は蘇民将来型の説話とも捉えることができよう。

＊**『人魚の話』**：南方熊楠が一九一〇年（明治四三年）に『牟婁《むろ》新報』に発表した人魚民俗論。

生と死／輪廻・円環《ひまわり》する世界

この物語世界の発想の根本には輪廻《りんね》的な考え方（少なくとも時間を直線的なものとは捉えないような考え方）があって、世界はぐるぐる循環している。もともと宮崎駿の描く時間感覚はリニア的（線的）なものではなく螺旋的だったし（『千と千尋の神隠し』でハクが登る階段も螺旋形である）、アニメはそうした時間感覚を描くのにもっとも好適なメディアである。腐海が世界を浄化し（『風の谷のナウシカ』）、物質の最終地点であるはずのススワタリ（灰）が油屋全体のエネルギーを生み出し（『千と千尋の神隠し』）、ソフィーが皮膚（皺）の伸縮を繰り返すように（『ハウルの動く城』）、デイサービス（ひまわりの家）と保育園（ひまわり園）は崖の上で同居しており、隣り合わせに存在する。車椅子に乗っていた年配の女性たちは、彼女らが「あの世」と呼ぶ場所で花咲く乙女たちのように恋話に戯れ（「愛の試練よ」〈ヨシエさん〉「胸がドキドキしてきたわ」〈リツコさん〉）、野辺で競い合って駆けっこをしている。最後に、竜宮城から上陸したあとも命の水を全身に浴びた彼女らは、デイサービスの職員の男性が差し出す車椅子をも拒否して、ズンズンと急な丘筋を自らの足で闊歩していく。デイサービスと保育園を往還できる特別な資格を有するのは宗介だけである。二つの施設の「ひまわり」〈向日葵〈日〉・**tournesol**〈仏〉・**sunflower**〈英〉〉という名も循環的な名だ。映画『ひまわり』を想起するまでもなく、ひまわりはヨーロッパでは死や墓地のうえに咲く花で、まさに死の世界と生の世界とを円環的につなぐチューブのようなものなのである。

＊輪廻：仏教用語で霊魂が流転・転生すること。生まれ変わり、そして死に変わること。
＊映画『ひまわり』：デ・シーカ監督が一九六九年に制作したイタリア・フランス・ソ連合作映画。

ニライカナイ

船員「見たことのない町ですね」
船員「アメリカにでもついちまったんですかね」
耕一「ありゃ、山じゃねえ。それにみなとでもねえ。ぜーんぶ船だ!!　あそこへ海の水があつまって山になってるんだ」

船員「船の墓場ですよ。きっと……。あの世の入口があいたんだ」
耕一「か、かんのんさま、か…」
船員「かんのんさまだ。かんのんさまのおみわたりだ。ナンマンダブ、ナンマンダブ」

・ひまわり自体が墓地の象徴でもある。

ひな「（しみじみと）あの世もいいわねえ」
のりこ「ここ、あの世なの?」
カヨ「竜宮城だと思ってたの?」

＊ニライカナイ：来訪神信仰のひとつ。ニライは根《ネ》の国に由来するともされ、遠い海のかなたにあるとされた常世《とこよ》のこと。

家を出ること

ジブリアニメの冒頭は必ず定住する「家」や「家族」などのコミュニティーから追放されるところから始まる。『魔女の宅急便』ではキキは父母から離れて魔法使いとして新しい街でひとり立ちしなければならないし、『もののけ姫』でアシタカは不条理な呪いをカヤの身代わりとなって背負うことで、西の天朝に追い詰められていた蝦夷のコミュニティーからすらも出ざるを得ず、東から西へと境界を逍遥《しょうよう》しながら、その境界のはざまで起きていることを「曇りなき眼《まなこ》」で凝視することになる。『千と千尋の神隠し』では千尋はまず冒頭で引っ越しをするところから始まる。そして父母を豚にさせられた状態でひとりでスタートしなければならない。『ハウルの動く城』でも状況は同じで、いやいや帽子屋の仕事を継いでいたうっ屈したソフィーは荒地の魔女から呪われることによって初めて定住していた家と家族から解き放たれ、自由なノマドロジーの資格を得ることになる。『崖の上のポニョ』でも父親の耕一（父性）はすでにはじめから追放されているが、宗介とポニョの愛が成就するためにはリサ（母性）も一旦追放された状態でなければならない。だからこそリサは不自然な状況下でもひまわりの家のために、幼い宗介とポニョを置き去りにしてまでも出掛けなければならなかった。自然主義的な構図で地縁や血縁を中心とした家族が重視して描かれ、そうした人たちが世界を救うという旧来型の「大きな物語」の映画や、味方と敵の二項対立がよりハッキリとしている映画、あるいは他者性の視点を著しく欠く映画が数多く存在するなかで、それとは逆にジブリアニメの特徴とはまず地縁や血縁の縛りを切り、他者と出逢うところから冒険が始まる。だからこそ究極の他者としての異類婚姻譚が描かれるのである。

場所のモデル

『ハウルの動く城』上映時、宮崎駿を中心とするスタッフたちは瀬戸内海の各地域に分散して宿泊（二泊三日）したことが知られている。宮崎駿は瀬戸内海の風景をいたく気に入って、その後たびたび仕事をするためにこの地域の民家に逗留した。ジブリアニメは往々にして下調べのための研修旅行時の風景が次作のイメージに反映されていると言われるが、この作品もそのときの体験がひとつのモデルになっている。源平の戦い、足利の勃興《ぼっこう》と没落（尊氏と義昭が逗留）、安国寺恵瓊《えけい》、朝鮮通信使、頼山陽《らいさんよう》、坂本龍馬なども宿泊した鞆《とも》（鞆の浦・現広島県福山市）から福山・尾道あたりまでが本映画の背景の素地となっていよう。気象の激変を知らせるひまわりの家でのテレビニュース（気象情報）でも、台風らしき低気圧が四国から中国地方にかけて通過していくさまが描かれている。また同時に映画内では瀬戸内海の水道の豊かさと、盛んな船の往来も活写されている。ポニョと宗介が二人して冒険に出るとき、さりげなく宗介の家に侵入しているのは「蛸」であり、リサと宗介が帰り途に通うスーパーは2TOMO（鞆の津?）である。ただしここでも場所は一つには特定されない。人魚姫のモチーフも活かされ北欧神話も主題の一部であることから、宗介の家の家具はすべて北欧調に仕立て上げられている。宮崎映画に国籍は存在しない。

三人の未完成霊をめぐって

町が津波にのまれた後、救助した人々を乗せた自警団の一群と離れて、一艘の丸木舟に揺られて水上を彷徨《さまよ》う三人の親子の姿は、津波でひとしれず命を失った家族の未完成霊（折口信夫）でないかとさえ覚える。

もちろん東日本大震災の津波のあとにこの映画が作られたわけではない。東日本大震災の後に作られて地震の描写があるのは関東大震災を描いた『風立ちぬ』である。そしてもちろんこのときの関東大震災の描写には東日本大震災の経験が如実に投影されているのはまちがいない。

明治三陸地震の津波で海に呑まれた方々の未完成霊の記憶は、柳田國男の採集した『遠野物語』などの民話にも克明に記録されているし、宮沢賢治の諸作品にも色濃く投影されていよう。鴨長明の『方丈記』を地震などを克明に活写した災害ルポルタージュ文学として読む向きも東日本大震災後に生まれた視点である。

この三人の家族（彼らには名前がない。宗介は男性を「おじさん」と呼び、キャストロールにも女性は「婦人」とあるのみである。もちろん赤子に名前は存在しない）が水上であたかも棺のような丸木舟にゆらゆらと乗っている時の鬼面のような赤子の描写は重要である。自警団とは離れていることだけでも十分不慮の未完成霊として考えることが可能だが、ポニョがあやすことによってようやくこの子どもは落ち着きを取り戻し笑顔になる。しかし、それまでこの子どもは仏頂面で鬼面なのである。

この父親も『となりのトトロ』のサツキやメイの父親の姿と声をどこか想起させなくもない（もちろん『となりのトトロ』では糸井重里が声優で、同じ声優ではない）。

ここで執拗なほどに繰り返されるのが「おっぱい」に関する言及である。

婦人「でもわたしが飲むとおっぱいになって、赤ちゃんも飲めるのよ」
宗介「ぼくもリサのおっぱい飲んだんだよ」
ポニョ「おっぱいだよ。おっぱい」

もちろん、ここでは亡くなりつつある者と新たに生まれ出づる者との輪廻が語られていよう。そしてこの「おっぱい」に対する執拗ともいえる言及（不自然なほど繰り返される言及）は、この物語がピュシスと母の物語であることともきっと無縁ではない。

＊未完成霊：折口信夫の使用した用語。不慮の事故などで（主に若くして）亡くなった、生が円満せず、死が不完全な霊魂。

5 風立ちぬ——風は繰り返し吹き、そしてお絹さんは変奏し続ける

堀辰雄／堀越二郎／宮崎駿

本章では宮崎駿『風立ちぬ』[1]について扱う。誰もが知るように、この映画は堀辰雄の小説『風立ちぬ』（一九三六年）・『菜穂子』（一九四一年）と、戦中・戦後を通じて活動した飛行機設計士・堀越二郎（一九〇三—一九八二年）の半生、そして父親が中島飛行機（現株式会社SUBARU）関連で飛行機部品の製造に携わっていたとも言われる宮崎駿（一九四一—）自身の幼少期のイメージが、それぞれ微妙に交錯されつつあるいは直接の交錯を拒まれつつ交響されている。本章では堀・宮崎両作品の登場人物像やストーリーの共通性をたどっていくというよりそこに差異があることをおおまかな前提として認めつつ、映画「風立ちぬ」の構造分析をしたい。

（1）『風立ちぬ』二〇一三年七月公開・東宝配給作品　原作・脚本・監督　宮崎駿。

小説と映画の結節点——病とセンシュアル

映画『風立ちぬ』は時間的な尺でいえばその半分（ジブリ映画の理想の最大尺は二時間とされていて、本作もそれに準じて二時間に収められているが、ちょうど映画が一時間を経過したあたりから）を堀辰雄の小説『風立ちぬ』に負っている。折り返して後半部分から堀越二郎と堀辰雄のイメージは徐々に接近し、ふたつの世界が融合し始める。たとえば小説では、〈私〉は節子の病室にフレンチ扉のある庭から直接入っていくのだが、映画においても二郎は開け放たれたフレンチ扉から表玄関を介さずに、ロミオとジュリエットばりに菜穂子のところに駆けつける。また「いくぶん乱暴に靴を脱ぎながら、声をかけた」（堀）とあるように、映画では靴の脱ぎ捨て方までが踏襲されている。

二郎「こんどは明るいうちに玄関から来ます」
菜穂子「お庭からの方がうれしい」

もちろんこうした細部の表現のみならず、菜穂子が結核であること、「Ｆのサナトリウム」（堀）＝富士見のサナトリウムで療養することが映画の登場人物たちの基本線の造型となっているよう。また、小説に吐露される〈私〉と〈節子〉の病を通じて成立する愛、あるいは病に支えられることによって反転して成立するような愛情関係も余さず踏襲されている。さらには小説のモデルたる堀辰雄と結核で夭折する矢野綾子の影すら二郎と菜穂子の後ろ姿にみることができよう。また娘の見舞いよりも二郎の仕事を優先させようとする菜穂子の父の姿は堀の小説と酷似する。

節子の父「それはあなたには本当にすまんな。……だが、あなたは、いま仕事をしておられるのか」

私「いいえ……」

節子の父「しかし、あなたも病人にばかり構っておらずに、仕事も少しはなさらなければいけないね」

病状を節子のいないところで私に伝える医者の姿（堀辰雄『風立ちぬ』）と、病状を菜穂子のいないところで二郎に伝える父（映画『風立ちぬ』）のシーンもことこまやかに引用されている。

映画においても、菜穂子のセンシュアルは病によってこそ裏付けられているところがある。結婚式のときに力なくよろめいてしまう花嫁、結婚初夜のときの病の胸のふくらみ（会話しているときの菜穂子の髪のふくらみや胸のふくらみを菜穂子の心情と連関させて宮崎は意識的に描いている）、徐々に衰弱する菜穂子の姿など、「死によってこそ強調される生」（あるいは「性」とも言い換えることができる）は必ず除外されてはいけない問題群である。小説ではこのことは以下のように描かれている。

・「お前のそういう脆弱なのが、そうでないより私にはもっとお前をいとしいものにさせているのだということが、どうして分からないのだろうなあ……」

・それらの日々に於ける唯一の出来事と云えば、彼女がときおり熱を出すこと位だった。それは彼女の体をじりじり衰えさせて行くものにちがいなかった。が、私達はそういう日は、いつもと少しも変わらない日課の魅力を、もっと細心に、もっと緩慢に、あたかも禁断の果実の味をこっそり偸《ぬす》みでもするように味わおうと試みたので、私達のいくぶん死の味のする生の幸福はその時は一そう完全に保たれた程だった。

・そう言いながら、彼女はいかにも疲れを帯びたような、力なげな手つきで、ただ何んということもなしに手で弄んでいたらしいその帽子を、すぐ脇にある鏡台の上へ無造作にほうり投げた。が、それはそこまで届かないで床の上に落ちた。私はそれに近寄って、殆ど私の顔が彼女の足のさきにくっつきそうになるように屈み込んで、その帽子を拾い上げると、今度は自分の手で、さっき彼女がそうしていたように、それをおもちゃにし出していた。（中略）
「厭、そんなこと……」

彼女はそう言って、うるさそうに、それを避けでもするように、半ば身を起した。そうして言い訣のように弱々しい微笑をして見せながら、ふいと思い出したように、いくぶん痩せの目立つ手で、すこし縺れた髪を直しはじめた。その何気なしにしている、それでいていかにも自然に若い女らしい手つきは、それがまるで私を愛撫でもし出したかのような、呼吸《いき》づまるほどセンシュアルな魅力を私に感じさせた。そうしてそれは、思わずそれから私が目をそらさずにはいられないほどだった……。

「死があたかも一つの季節を開いたかのよう」（堀辰雄『聖家族』）に、「死」によって生は規定され、登場人物たちの魅力は「死」によって増幅されている。

映画『風立ちぬ』の主人公・菜穂子の名は、もちろん堀辰雄の同名小説『菜穂子』の女主人公に由来するだろう。苗字を里見にした理由はわからない。夏目漱石の『三四郎』に登場する上京した青年を翻弄する里見美禰子(2)を意識したか。菜穂子の家は上野台もしくは本郷台と思しき邸宅から震災後に代々木上原へと移転していて、二郎は名古屋から里見家に駆けつけるとき小田急の登戸行きの電車に乗っている。代々木上原のあたりは関東大震災後に下町から山手に人々の居住が移動していくなかでの代表的な新しい邸宅地であった。父からの菜穂子の容態急変を知らせる

（2）夏目漱石『三四郎』（朝日新聞　一九〇九年）。

電報の消印は北沢郵便局付になっている。丁稚や女中をたくさん抱える裕福な家でもある。あるいは里見（源氏）の末裔の家系を意識したか[3]。少なくとも堀辰雄の小説『菜穂子』の冒頭では都会の雑踏のなかで二人が劇的に再会する場面が描かれるが、映画のなかで富士見高原の療養所を一目散に飛び出して出奔した菜穂子が、名古屋駅まで迎えに来た二郎と雑踏を逆方向にお互いかき分けて再会する場面などはこの小説の場面が反映されていよう。

風立ちぬ／風は繰り返し吹く――風を撮り続けて来た工房スタジオジブリ

言わずもがな映画のタイトルにもなったこのフレーズ〈Le vent se lève.〉はフランスの作家ポール・ヴァレリーのものである。そして「風立ちぬ」という著名な言い回しは堀辰雄の小説『風立ちぬ』によって、ヴァレリーの一節の名訳として世間に流布された。小説中の注には、「風立ちぬ」という言葉について、「助動詞「ぬ」によって過去から吹いてきた風が今ここに到達し起きたという時間的・空間的広がりを表わし、生きようとする覚悟と不安がうまれた瞬間をとらえた、堀辰雄による〈Le vent se lève.〉の訳」とされている。堀辰雄は当然原文の意図をわかっていたが、この言葉が上田敏調の名訳[4]であるゆえに風を一回性の完了した行為として誤読してしまう可能性がある。原文の直訳は「そのたびに生きようとしなければならない」「生きねばならん」（カプローニ）〈Il faut tenter de vivre.〉であり、漫画版『風の谷のナウシカ』の最後の台詞

「生きねば」にもそれは輪廻して繋がるのだが、堀訳の「いざ生きめやも」の語感は必ずしも前向きのテンスというよりは、生きようか考えあぐんでいる感すら覚えるのではなかろうか。

しかしながら、宮崎自身が作品内でも二郎に「風が立つ。生きようと試みなければならない」と直訳調にわざわざ言い直させているように、風は一回性のものであったり、吹き止んだりはしていない（宮崎駿は確実にこの堀訳とのずれを自覚している）。風は完了しているどころか、「風は（繰り返し）吹く」あるいは「風は（繰り返し）吹き続ける」と原文では現在継続形で述べられており、映画内でも実際に「風」は登場人物の頬の筋肉をつねに揺らし続けている。ジブリ（ギブリ）の語源が「熱風」であることは周知の事実だが、スタジオジブリは繰り返し「風」を撮り続けて来た工房である。「風が止まった」（『風の谷のナウシカ』）「風なり」（『千と千尋の神隠し』）をはじめとして、『天空の城ラピュタ』『となりのトトロ』『紅の豚』『もののけ姫』『ハウルの動く城』『崖の上のポニョ』でもつねに画面には風が吹いている。そして、本作『風立ちぬ』は宮崎作品の集大成として、また最後に出された直接的な「風」に対する問いとして存在している（二〇一三年九月六日、この作品でもって宮崎駿の長編映画からの引退会見が為された。しかし二〇一七年に引退は事実上撤回され、宮崎は新たな長編作品制作への意欲を示した）。さて、

（3）曲亭馬琴の『南総里見八犬伝』など江戸期の戯作は南朝方の新田義貞の末裔としての里見氏をくり返し取り上げた。
（4）直訳調ではない思いきった置き換えを施した翻訳のこと。

それでは宮崎作品にとって「風」とはいったい何だったのだろうか？

「風」と二郎のわからなさ――目に見えぬ風と閉塞する時代

映画の予告は「かつて、日本で戦争があった」という衝撃的な言葉で始まる。冒頭の二郎の幼年期から青年期を除いては、作品に描かれる主な時代は一九三〇年代から一九四五年にかけて。二郎は三菱製作所に入社するために東京から名古屋へと向かう列車のまばゆい朝まだきの車窓から――寝台から洗面台へ向かい、ひとりの女性とすれちがう際――線路上を歩く出稼ぎ移動労働者たちの一群を目撃する。また、タクシーの車窓（安全地帯）ごしに栄で初めて目にした亀八銀行の焦げ付きや、親を亡くしたために弟や妹をあやす路傍の少女の姿を、たしかに彼は目撃している。すくなくともそういったシーンは意図的に映画のなかに挿入されているし、彼らの状況は菓子屋の主人の憐れみのことばを通して語られている。彼らは時代の「風」によって翻弄された人々（個人）であり、二郎はこれらの人々をけっして目にしていないわけではない。

しかし、二郎が属していたのはエリートの世界であった。進歩主義者の本庄が、たとえ日本中のすべての子どもに天井とシベリアを与えられたとしても、ユンカース社から技術供与を受けて自分は飛行機制作にいそしみ、その夢に賭けるとエリートとしての意志と覚悟を明確にする一方、二郎には本庄が自覚するような「偽善」や「矛盾」は都合よく捨象されている。(5) かつて見た景色は彼のなかでは見ていないことになっているかもしれない。また医者を志す妹の加代に「にいにいの部屋にわたしも住んじゃダメ?」と言われた二郎は、「あそこは……そのころにはぼくは多分名古屋だな」と言葉を濁し、当時女性は簡単には医者になれず、また一高や帝大にも行けないことを重々承知しているにもかかわらず、直接そうした社会通念を打破しようとも抵抗しようともしない。その〈壁〉の存在について正面から語ろうともしない。彼はそのときふと口を噤《つぐ》んでしまうのである。彼が幼いときに夢のなかで見たのは、自らに喝采を送る女性たちの姿(八ヶ岳山麓と思しき実家から自らが設計した飛行機を操縦している際、宿舎から彼に手を振ったのは全員女性)であったわけだし、名古屋の三菱製作所に着任するときにも新任の彼を上目づかいに好奇の眼差しで見あげた女性たちの姿に彼は当然気が付いているのであって、その上で彼女らと会釈したはずである。彼は自分がエリートであることを十分すぎるほど理解していた。だからこそお絹や路傍の子どもたちと正面から交わらなかった。宮崎はそのことを批判しているわけではない。そのままに当時のエリートを描いたのである。なぜならそれもその時代の「風」のだろうか?

(5) 本庄は二郎が子どもたちにシベリヤを渡そうとしたことを、そのことが問題の本質的改善をもたらすわけでもなく、自らの邁進する仕事を肯定するためのその場しのぎの憐れみでしかないゆえに「偽善」なのだと指摘する。そして二郎もいったんは反論を試みるものの結局はこれに反論できずに口籠ってしまう。夏目漱石は小説『三四郎』の里見美禰子について、偽善には確信犯的な偽善家と無意識の偽善家の二つの種類があり彼女は後者であると述べているが、はたして二郎も本当に後者であるのだろうか?

仕業であるのだから。また、彼は震災時に助けた菜穂子たちに名前こそ名告《なの》っていないが、「本郷の学校」であることをしれっと伝えることをけっして忘れてはいない。

自分の携わっている飛行機設計の仕事が「血塗られた道」(『風の谷のナウシカ』のクシャナの台詞)であることを知りながらもそれでも男性理論の象徴である「ピラミッドのある世界」を二郎は選ぶ。二郎の夢に度々登場するイタリアの設計家カプローニからも発明物の恣意的な戦争利用の可能性が示されている。飛行機設計は「呪われた夢」なのだ。ありのままの二郎のわからなさは、声優起用にあたってプロの声優を選ばず、庵野秀明を登用したことにもうかがえる。庵野の声は、宮崎の考える大正から昭和初期の教養人特有のやや高めの声質であり、プロフェッショナルでないゆえに整形されずに自然で、それでいて何を考えているか測りにくい声質である[6]。カプローニが創造的な一〇年を二郎少年に託したように、宮崎駿が『風の谷のナウシカ』で巨神兵を担った庵野秀明にバトンを託す意思表明に映らなくもない。そのときカプローニは引退する宮崎駿自身の自己投影でもあるだろう。二郎は菜穂子の病状を気遣い、「ダメだよ」と言いつつも病人の前で平然と煙草を吸うわけで、「片手で計算尺をあつかうコンクールがあったら、ぼくはきっと一位になるね」と余計な嫌味めいたことまで言ってみせる。またこれから述べるように、成立しえない帝大生二郎と女中お絹との恋愛を少女だった菜穂子にスライドしてみせる[7]。二郎のわからなさはそのままに提出されている。やはり宮崎アニメに単純な善悪の二項対立とそれに伴う勧懲は存在しない。

この映画は色彩的にも音楽的にも、二郎と菜穂子の束の間の軽井沢のひとときをのぞいては、現実より夢の世界により鮮やかさと官能が置かれている。大正という時代は実質関東大震災で終わりを迎え、昭和の戦前戦中期におけるアジールは軽井沢の高原くらいしかなかったのかもしれない。特に少年期と青年期の二郎がカプローニの夢とつながる場面はもっともカラフルで、前途の希望に満ちている（最後は失意のうちに中年となった二郎はカプローニの肩にうな垂れることになるが）。それに比して、世界同時恐慌から第二次世界大戦へと向かう世相は、日本もドイツも一様に暗く、移民に対する冒涜と排斥に満ちている（関東大震災での朝鮮半島の人々へのデマや暴力の問題はこの映画では描かれなかったけれど）。視察のためにドイツへ行った二郎と本庄は、夜間に暗闇を駆け抜けていく昼間出会ったはずのユンカース社の職工から「あの日本人だ！」「日本へ帰れ！」と侮蔑の言葉をドイツ語で浴びせられることになる。暗闇のバルコニー

（6）この庵野採用の経緯については「宮崎駿スペシャル　風立ちぬ　一〇〇〇日の記録」（NHK総合テレビ　二〇一三年八月二六日）に詳しい。

（7）川端康成の『伊豆の踊子』において、一高生と踊り子との恋愛が束の間の伊豆というアジールでしか成立しないように、現実世界ではこのカップリングはけっして成立しないのである。しかしこの作品を原作にした戦後映画は軒並みこの不可能性に気付かずに（現在の自由恋愛の眼差しで読むゆえに）、健全な踊り子と学生の青春恋愛映画にどれも仕立ててしまっているが、川端の狙いはそこではない。

から流れる音楽はシューベルトのリート『冬の旅』のどこまでも暗い「死」と「鴉」、「失恋」の風景の連続である。[8]

閉塞感は戦争に向かうにつれ強まっていく。そして最後には互いが互いを監視する社会へと向かう。軽井沢で出逢ったヒトラー政権に対峙するカストルプ[9]は、「ワスレルニイイトコロデス。チャイナト センソウ シテル ワスレル。マンシュウコクヲ ツクッタ ワスレル。コクサイレンメイ ヌケタ ワスレル。セカイヲ テキニスル ワスレル。ニホン ハレッスル。ドイツモ ハレッスル」と軽井沢のアジール性を引き合いに出しつつも、二郎に外からの視点を伝える。二郎は戦闘機を作りつつもどこと戦争をするかすら知らずにいる。あるいは知っていても現実を正面から見ようとはしていない。まさかよもやアメリカとはするまい、それでは破裂する、と二郎と本庄はまるで他人事のように語りあっている。二郎はそれでも「ピラミッドのある世界」を選択する。そしてどこからか情報が洩れて軽井沢にさえ追っ手の公権力は及び、その結果カストルプは軽井沢から追われることになる。アジールが消失し、世界が一色になりつつある全体主義の世相が描かれる（しかし個人の夢と恋愛はそのなかに色鮮やかに存在したことも描かれる）。そのカストルプと接触をもった二郎もこれ以後特高につきまとわれることになる。カストルプはドイツ、二郎は日本、菜穂子の父はイタリア（震災時の若いときの彼は『カリオストロの城』（一九七九年）のカリオストロにも似ている）と、この軽井沢での三人の会盟は日独伊三国同盟の観さえおぼえる。カストルプは「ヒショチのコイはすぐオワル。下へもどる。山のことわすれる」と軽井沢のひと夏の恋（アジール）を予言するが、「ぼくはちがいます」と二郎は誓い、カストルプを神父のようにして急展開にふたりは恋愛、結婚へと向かうことになる。

屈折する恋愛――「お絹」の変奏と残響をめぐって

先述したように、二郎のはじめの恋愛対象は里見家の女中お絹であった。そしてそれは成立不可能な恋愛であった。二郎はしっかりと自分が「本郷の学校」の学生であることを伝え、家のある所までその後わざわざ確かめに行き（火は里見家のところまで燃えて、そこで止まった。そのあと彼女らの居場所は二郎には不明で、彼は途方に暮れていたのだ）、震災時にお絹の脚を固定した定規を学舎に届けに来た女性の姿を二郎は校庭まで慌てて追いかけていったとき彼が想起した俤《おもかげ》は、菜穂子ではなくまぎれもなく女中お絹の後ろ姿であった。級友は「二郎さん、リーベ（恋人）のプレゼントですね」と囃したてる。下宿に帰ると女中から「お客様をお部屋にお通ししました。女の方ですよ」と伝えられ、慌てて二階に上ってみればはたしてそこで待っているの

（8）絵コンテでは「シューベルトか（本庄）」とあった台詞を、吹き込みのときに宮崎は「冬の旅か（本庄）」とわざわざ言い直させている。窓辺での単なるセレナーデではなく、それが「冬の旅」であることを指摘することは、時代背景を暗喩する上で意味があることなのだ。

（9）トーマス・マン（一八七五―一九五五）の『魔の山』（一九二四年）の主人公の名に由来する。

は妹の加代であった。加代は自分がそのとき望まれざるひとであったことを知っている。「その人きっと二イ兄がスキなのね」(加代)「まさか…二年も前のことだ」(二郎)という往復があり、ここでも会話の前提として想定されているのはまぎれもなくお絹である。

そのことがわかっているからこそ、菜穂子は二郎と再会してからお絹の近況をまず語るのである。牽制《けんせい》しているといってもよい。二郎も菜穂子も、二郎とお絹の淡い恋心が不可能であることを知っている。それでもなお菜穂子に「二郎さんはお絹と私の王子さまだったの」とお絹の名を先に言わしめ、上野公園に迎えに来た里見家の丁稚には「いい男じゃねえか、な、お絹坊」とも言わしめる。そして雨のなか、相合傘を持つふたりの手が近づくなかで最後に「あの人、この前ふたりめの赤ちゃんを産んだんですよ、とてもかわいい赤ちゃん」(菜穂子)「……」(二郎)と二郎に鉄槌の一撃を与えて、お絹にはお絹の恋愛を物語内で完遂させ、二郎のお絹との恋愛可能性を断ち切るのである。これで物語のなかでもはや当時のエリートである二郎と釣り合う相手は里見家の令嬢菜穂子しか残されていない。そしてこの二郎の心の中に捨象されたお絹の残響は、物語のいたるところで変奏されていくことになる。

まず最初のお絹の変奏は、杉屋という食堂で鯖の味噌煮定食を二郎に出す「君ちゃん」の存在だ。なぜ食堂で客の掛け声を通じて彼女の名前をわざわざ呼ばしめる必要があるのか(厳密にはお絹との恋愛が断ち切られる前だが、変奏の予兆はすでにその前から始まっている)。二郎が設計チーフを上司服部と黒川からカフェフライアで委されるが、そこではサラサーテのツィゴイネルワイゼンのレコード(10)がかけられている。この勘定をする女給の名もまた「君ちゃん」なのである。服部は聞こえよがしに彼女の名を呼び会計を済ます。なぜ彼女らの名が映画内でここまで繰り返し強調されるのか。それは葬られた女中お絹への二郎の淡い想いのかすかな残響であり、お絹の変奏（kinu-kimi-kimi）が映画を通じて通奏低音に流れているのである。二郎の無意識は作品内のいたるところで表出している。

男性たちと女性たち——日常の菜穂子からアキレス本庄のほうへ

というわけで二郎と菜穂子の結びつきはスライドした恋愛から派生的に生まれたものだ。そのことに菜穂子は明確に気づいているが、二郎はほとんど自覚しておらず、彼の無意識の領域の奥底に押し込まれている。だからこそ前章で述べたように、お絹の残響は映画内のいたるところで変容され続ける。案の定、そうした経緯は二郎のなかで都合よく捨象されているが、恋愛とはもともとそういうものなのかもしれないし、スライドして生まれた恋愛が偽のものであるとも言えない。そして二郎と菜穂子がともに過ごした時間を、彼らが限られた一日一日を懸命に生きたことに疑いの余地はない。

(10) ここではサラサーテ自身の悪魔的な声がたまたま録音されてしまっているコロンビアレコード盤と思われる。ちなみにこのレコード盤を怪奇小説に仕立てたのが内田百閒の「サラサーテの盤」である。

閉塞する時代も風であり、また一方で二郎に菜穂子を運んだのも風だった。はじめは車内の二等客車と三等客車の連結部分で二郎の帽子を運び、菜穂子の手許にすっぽり収まるように届けたのも風だった。「ナイスキャッチ！」の応酬はこのあと二度繰り返される。ひとつめは軽井沢の高原で油絵を描いていた菜穂子のパラソルが風に運ばれて二郎の掌に収まる場面。もうひとつは草軽ホテルの一階から飛ばした紙飛行機が、二階にいた菜穂子の足許に届き、その交換として二階から落ちた菜穂子の帽子を二郎が茂みに入り込みながらもしっかりとキャッチする場面。その帽子を二郎がかぶってしまうわけであるから、その意味は尚更象徴的だ。この儀式をもってふたりの恋愛は図式的に成立したと言える。実際、その後「ぼくはあなたを愛しています。帽子をうけとめてくれた時から」と二郎は帽子のことに言及し、菜穂子は「わたしも風があなたを運んで来てくれた時から」と応答する。そこに菜穂子の父が口を挟む余地は残されていない。こうしたシンメトリーな図式は実は宮崎駿のもっとも得意とするところで、[11]たとえば『千と千尋の神隠し』でも冒頭でトンネルを抜けて、ラストでも同じように千尋が母の手を引きながらトンネルを折り畳み式に帰還する構図がある。そして今回の帽子のやりとりにおいてもそれは一層象徴的である。

しかし二郎の夢の世界はその後「風」によって「呪われた夢」となり、「地獄」ともなって、残された時間も飛行機の開発に余念がなくなる。仕事に奔走するあまり、また時勢がそれを彼に求めるために、菜穂子が療養する富士見高原を彼が訪れることはなかった。サナトリウムに届いた二郎の手紙を菜穂子ははじめこそ純朴な笑顔で受け取るが、その表情は俄かに硬化して曇ってしまう。その手紙には「菜穂子さま……寒さも日に日に……したが……いかがおすごしですか。……ぼくは仕事が中々……」（引用者注　……は不明の部分）と書かれている。おそらく仕事によって見舞いに行けないという二郎らしい不器用でつれない文面だったにちがいない。一度も富士見高原療養所に駆けつけられない二郎に対して、病身の菜穂子が一面白銀の雪景色の高原病院を出奔して、今度は三等客車に乗って、名古屋の二郎のもとへと向かうのである。

二郎と菜穂子の恋愛が真実である以上に、二郎には進歩主義者本庄との親和性がある、ということにも注目しなければならない。むしろ彼は本庄のいる世界、ピラミッドのある世界を夢想し、優先したとも言える。彼は菜穂子の療養のために付き添うことを慮《おもんぱか》ってくれる上司・黒川に「それはできません」と断固として拒否し、黒川家でともに過ごすことを決意する。もちろんそれは菜穂子の病状にとって良い選択であるはずもなく、黒川はそれを二郎の「エゴイズム」なのだと指摘し、妹加代は兄を「薄情者」だと断じる。もちろん彼らは二郎を一様に責めたてているわけではない。彼らは痛いほど二郎の気持ちを理解しているのである。

（11）整然としたシンメトリーの構図は高畑勲にはない宮崎駿に特有の性質で、もしそれを喩えれば宮崎を精緻で構成的な曲亭馬琴に、高畑は奔放な建部綾足に、その筆の資質を比肩できるかもしれない。馬琴の場合はすべての提出された情報が伏線として最後に綺麗に回収されていくけれども、綾足の場合はそれらが回収されないまま残されることも多い。

そして本庄は二郎を男性論理の社会に誘う者でもある。菜穂子の父も家父長的な男性論理に帰属し、「そんなに……。ぼくが付き添えればいいのですが」と言う二郎に対し、菜穂子不在の門口で、男同士が菜穂子の深刻な病状について会話をする。「君には仕事がある。男は仕事をしてこそのものだ。さっ、いきたまえ」と菜穂子の父は娘よりもむしろ二郎のほうに理解を示しさえする（もちろんこれも当時の常識的な感覚だっただろう）。残された菜穂子は生きるためにひとりサナトリウムに行くことを決意する（堀辰雄の小説の筋に準ずる）。そしてもちろんこうした時代的なジェンダー観も、一種の「風」だということができよう。わたしたちはいつの時代であれ、否が応にも「風」の影響を受けざるを得ないのである。

しかし、二郎は本庄と相反するところもあった。本庄は「アキレスと亀」のエピソードでもうかがい知れるように、まぎれもない進歩主義者である。震災の復興時も、「旧式だ。何もかもちっとも変わらん」、「マンネリズムだ」といっこうに変わらない風景と社会システムを嘆き、「鯖の味噌煮」よりも「肉豆腐」を好んでたべる。自称するように彼は「ユンカースかぶれ」であり、二〇年を一跨ぎする日本のアキレスたることを望んでいる。二郎はアキレスと亀の法則ではアキレスは亀に一生追いつくことができないパラドックスを指摘し、「鯖の骨」のように無駄をそぎ落とした別の道（「小さくてもカメになる道」）を模索しようとする。二郎はロシア式蒸気ストーヴ（本庄の表現では「コタツ」）と飛行機とを結びつける「生活の美」への憧れを示し、それらに潜む共通の美しさを看破する（それは夢のなかでカプローニの口を通しても語られている)。ユンカース社の視察中も二郎はみなが注目する大型のものものしい爆撃機よりも空気抵抗の少ない小型機のまえで恍惚としてひとり佇む。しかし「風」は二郎を生活や日常の方に近づけることを好まなかった。

本庄はつねにそんな二郎を迎え入れる存在だ。帝大で彼は同級であり、常に食事を共にし、震災のさなかでも本郷の赤レンガの図書館でお互いに顔を近付けて煙草に火を点ける。また二郎の三菱赴任時に名古屋駅に迎えに来るのも、着任した彼にデスクからひそかに二人だけがわかるようにウィンクを送るのも本庄だ。

二郎と本庄は三菱での昼休みに工長のところで試作機を見せてもらい、おなじ脚立に乗って顔を触れんばかりに寄せ合い、そしてお互いの腰に手を回し合う。このシーンもいささか構図的に不自然だ。またユンカース社の視察でひとり小さな飛行機のなかでたたずむ二郎に、そこに入ってはいけないと制止するユンカース社の警備員に対して、本庄は「その男に触れるな!」と厳しく撥ねつける。そして自らの結婚を仕事のための「矛盾」だといささか釈明しつつ、最初に恥ずかしそうにドイツで報告する相手がこれまた二郎なのだ。二郎は自分が新しいプロジェクトの設計責任者に抜擢された際も、ライバルである「本庄をください」と言って憚《はばか》らない。

一方、黒川の妻と加代は女性論理の側に属し、本庄とは対照的である。菜穂子が療養所から名古屋へと赴いた折に、黒川の妻は未婚の男女を家に受け入れるわけにはいかないと表向き言う黒川に対して「あなた、すてきじゃありませんか。恋しさに山を抜け出してくるなんて健気だわ」

と言ってみせる。菜穂子の気持ちの側に立って夫へこの提案の受け入れを促し、「そうときまれば女には女の仕度があります」と〝女の仕度〟を強調して結婚のためのささやかな準備を夫婦は始めるのである。もちろん黒川の発言は菜穂子の病状を考慮して二郎へ決断を促すためのもので、黒川は決して男性論理側とは言えない特殊な存在で、むしろ最終的に男性論理と女性論理をつなぐ特殊な存在でもある。

黒川の妻は、今生の別れを終えて二郎の出発を見送ったのち、うそをついてまで黒川宅を出て富士見の療養所へ戻った菜穂子を追いかけようとする加代に対して、「ダメよ、追ってはいけません。菜穂子さんが汽車にのるまでそっとしてあげましょう。美しいところだけ好きな人にみてもらったのね」と彼女の気持ちに最後まで寄り添う姿勢をみせる。

加代も血縁の兄よりむしろ菜穂子の心情に寄り添っている。兄を「薄情者」と言い、菜穂子の気持ちに最後まで寄り添っている。彼女は医師になれなくともこのときすでにその卵にはなっていて、兄に会いに来るというより菜穂子を診るために会いに来ているようにも見え、菜穂子との相性のよさも彼女たちの口を通じて語られている。このようにジブリアニメにおいては血縁関係内の閉じられた人間関係よりも、開かれた究極の他者との連帯の強さと可能性が語られる構造にある。

二郎が選んだのは日常（女性論理）ではなく「ピラミッドのある世界」（男性論理）だった。もちろん彼は菜穂子を軽んじたわけではなく、残された時間を大切に生きることを選んだのである。それには大きな犠牲が必要だった。それを要請したのもある意味においては「風」だった。風は菜穂子を連れてきて、そして連れ去っていったのである。

設計した飛行機が最終完成したとき二郎は菜穂子を失った。永遠に。飛行試験場で概念としての「風なり」（千尋の母親の認識）ではなく「風のざわめき」を感じて八ヶ岳のほうをふり向いた二郎は、菜穂子がそのとき死んだことを悟った。「風」が菜穂子を連れ去ったことを知った。エピローグでカプローニは次のように言った。「行ってしまったな。美しい風のような人だ」。「風」が菜穂子を連れてきて、「風」が菜穂子を奪っていった。そしてパラソルだけが風に吹かれ転がされて、その不在だけが残ったのである。そしてついにはパラソルも消えた。残された者に対して「君は生きねばならん。その前に寄ってかないか？　いいワインがあるんだ」とカプローニは最後に〝ワイン〟が象徴する日常の世界に誘い、この映画は終わる。「生きようと努めなければならない」。これは漫画版ナウシカの最後の台詞「生きねば」に通ずる言葉でもあった。

菜穂子の役割——最後のスライド　来て／生きて

菜穂子は二郎との最後の夜、疲れて黒川家に帰ってきてそのまま寝込んでしまった二郎に毛布を掛け、彼を同じ布団に迎え入れ、二郎の眼鏡を外して畳の上にそっと弱々しい手を伸ばして置く。このシーンは重要であるとわたしは思う。

二郎は近眼をコンプレックスとする少年であった。彼は近眼の少年が飛行機の仕事に携われるかどうかを繰り返しカプローニに訊いている。夢の中での飛行では牛乳瓶の底のような眼鏡を覗き込み、蚊帳の中で焦点を合わせようとするときも、また屋根から見上げる星空が妹の加代には見えるのに自分には見えないことをコンプレックスに感じている。

二郎のこうしたコンプレックスは、これもまたほかの二郎の感情と同じように大人になると隠蔽されて抑圧されている。そうした見えない二郎のルサンチマンやコンプレックスを取り除いたのが菜穂子だった。

もちろんこうした菜穂子の二郎への献身は手放しに喜べるものではない。仕事を終えた二郎の衣服を畳み、夫が病床で煙草を吸うことを許容し、見舞いに来てくれないのは悲しいけれども病を押してでも犠牲を払って献身する、美しいところだけを愛するひとに見せてひっそりと死んでいく菜穂子を理想の女性として手放しに礼賛するのも前時代的な男性目線のジェンダー観であるにちがいない。

最後の菜穂子の二郎への贈与は、以下の言葉だった。

「来て／生きて」

何度か菜穂子は二郎に「来て」と言っている。一度目は新婚初夜布団に彼を招き入れたとき。ジブリアニメが露骨にわかりやすいかたちでこのようなシーンを入れたのは初めてのことだ。二度目は零飛行テスト前日に二郎を「もっと近くに来て」と招き入れるとき。そしてラストシーンである戦後の菜穂子の死後においても絵コンテでは「来て」であった。つまり、ラストシーンで死の側にいる菜穂子は、生き残った二郎を死の世界へと招き入れる構成にしていたわけだ。それが最後にドラスティックに変わった。「来て」は「生きて」と書き換えられた。「生きて」。ここでようやくポール・ヴァレリーの〈Il faut tenter de vivre.〉という言葉がよみがえってくる。そして漫画版『風の谷のナウシカ』の最後の台詞も円環してくる。これで意味は一八〇度変わった。菜穂子が死んで、また自らの設計した零戦に搭乗したパイロットたちは死んでしまったが、残された二郎は生きることになった。生きねばならぬことになった。生きようとしなければならなくなった。『風の谷のナウシカ』でも、『もののけ姫』でも、「生きること」は宮崎にとって大きいテーマであり続けた。そして最後のスライドが菜穂子の残した「来て／来て／生きて」になったのである。

キーワード集

閉塞する時代1　世界恐慌から太平洋戦争開戦前夜

・名古屋へむかう朝まだきの車窓から二郎が目にした出稼ぎ労働者の一群。二郎はたしかに彼らの姿を見たものの、それらは本庄に指摘されるまで無意識裡にあるいは意図的に見えないところに抑圧されていた。シベリヤを子どもたちに与えて時代情勢を正面から見ようとしない、目の前の人々の問題を解決しようとしない二郎の「矛盾」や「偽善」（本庄の指摘）と「エゴイズム」（黒川の指摘）の捨象の性質。

・名古屋・栄でタクシーという安全地帯から目撃する亀八銀行の焦げ付き。

タクシーの運転手「まただ、今度は亀八銀行ですよ」

本庄「世の中不景気だ。俺たちの行く会社も不景気だぞ」

・シベリヤを二郎から渡された子どもたちは不況期で親が共働きなのか、あるいは戦争によって親を亡くしたか定かではない。いつもそこで深夜まで兄弟をあやして待っていることが菓子屋の店主の口を通して語られている。

店主「親のかえりがおそくてね。いつもああして待っているんだよ」

・鉄道の轍を移動する人々

本庄「そりゃあ仕事を探しに町へ出てくる連中だな」

・ジェラルミンの部材を包む新聞紙には「上海事変」が報じられている。

・この映画の海外での最初の反応には、零戦や旭日旗が登場することで宮崎の思想の変節が一部で指摘される誤解があったが、よくていねいにこの映画を見れば徹底した反戦映画であることは明らかである。飛行機を愛することと戦争を描くこと、煙草や自動車を愛することと自然を描くこと、すべてはそのままに提出されている。

閉塞する時代2　軍部と財閥

・隼の視察中。

服部「おい、陸軍の方が来てるぞ」

・ドイツのユンカース社視察の際も三菱の設計の人間よりも軍幹部の乗船が最優先される。

三菱の社員「君たち、軍の方々にかわりたまえ」
二郎「ハイ」
三菱の社員「いまかわります」

・三菱側の製作責任者として海軍でのプレゼンに臨む二郎。軍部の人間の会議の様子は少年二郎がいじめっ子に言い寄られるときの言葉や爆撃機が爆弾を落とす音（『ハウルの動く城』でも共通）と同様、肉声によるノイズで表現されている。このことからも宮崎の姿勢は明らかだ。

二郎「全力を尽くします」
黒川「お前きいてないいな」
二郎「ハイ」

閉塞する時代3　個人と国家／特高の存在

・二郎を三菱製作所にまで来て捜す特高。二郎は黒川の自宅のはなれに匿われて仕事を続けることとなる。理由は明らかにされないが、指名手配されたカストルプと軽井沢で接触したことで、治安維持法の共謀の嫌疑をかけられたものと思われる。どこからか二郎の身辺に対する情報提供が為され、国家権力が個人を追跡している。しかし上司の黒川や三菱の同僚・後輩たちは彼を匿う。服部は「きみが会社に役に立つ人間であるあいだは」という留保付きで彼を匿う。この日本近代についての三人のやりとりは、宮崎駿が司馬遼太郎と堀田善衛と鼎談した『時代の風音』（ユーピーユー　一九九二年）の近代日本についてのやりとりと彼らの口ぶりを彷彿とさせる。もちろんこの本のタイトルにも「風」は付される。

二郎「説明してください。身に覚えのないことです」
黒川「俺の友人が何人も特高にやられてる。みんな身に覚えなぞなかった」
（中略）
黒川「特高は平気で私信を開けるぞ」
二郎「婚約者の手紙です。それは冒涜です。近代国家にあるまじきことだ」
黒川「日本が近代国家だと思っていたのか」
服部「会社は全力できみをまもる。きみが役に立つ人間であるあいだはな」

戦争と経済、「矛盾」する社会

・視察先のドイツのホテルで。

本庄「二郎、今回の技術導入でユンカース社にどれだけ金を払うか知っているか。日本中の子どもに天丼とシベリヤを毎日食わせてもお釣りがくる金額だ」
本庄「隼の取付金具一個の金でその娘の家ならひと月は暮らせるよ」
本庄「貧乏な国が飛行機を持ちたがる。それで俺たちは飛行機をつくれる。矛盾だ」
本庄「あした東京へいって来る。嫁をもらうんだ」
二郎「嫁……」
本庄「本腰をすえて仕事をするために所帯をもつ。これも矛盾だ」

呪われた夢

・フィナーレ。

二郎「ここはわたしたちが最初にお会いした草原ですね」
カプローニ「われわれの夢の王国だ」
二郎「地獄かと思いました」
カプローニ「ちょっとちがうがおなじようなものだな」
カプローニ「国を滅ぼしたんだからな」
（中略）

カプローニ「美しいな、いい仕事だ」
二郎「一機ももどってきませんでした」
カプローニ「ゆきてかえりしものなし。飛行機は美しくも呪われた夢だ。大空はみな呑み込んでしまう」

二郎のわからなさ

・宮崎駿は堀越二郎の書物を読んで、堀越二郎の本当の顔は書物からは窺い知れないと述べている（宮崎駿「妄想カムバック『風立ちぬ』執筆にあたって」『風立ちぬ・宮崎駿の妄想カムバック』大日本絵画 二〇一五年）。だからこそこの役の声優に庵野秀明を起用したわけで、彼の声の無機質さは二郎の性格決定に大きく与かっている。彼は菜穂子が結核の療養中に無理を押して名古屋に出てきているにもかかわらず患者の前で煙草を吸うことも言葉では躊躇いつつも行動では一切躊躇わないし、また二郎をよく見せるための障害となるそのシーンを挟むことを宮崎自身も躊躇っていない。二郎は自分の作る飛行機がどこと戦争するためのものかをうすうす知っているはずだが、本庄に対して「どこと戦争するのかな」ととぼけてみせる。二郎のわからなさは二郎に対する否定でもなければ肯定でもない。この不可思議さ、わからなさが強調されて、二郎の性格として表現されている。それは彼の恋愛対象の無意識のスライドともなって表れている。

二郎の声

・庵野秀明を二郎の声優として登用。
「オレはものすごくうれしいよ。声になに考えているか分からないところがあるからいいよ。堀越二郎ってそんなに理解された人間じゃないと思うんだよね。周りから」（庵野秀明のアフレコテスト）。

シベリヤを路傍の子どもたち三人にふるまう二郎

二郎「君たち、ひもじくない？　これを食べなさい。そこの店で買ったばかりのシベリヤです。さあとりなさい」
（その後、部屋で）
本庄「そりゃ偽善だ。お前、その娘がニッコリして礼でもいってくれると思ったのか？」
二郎「ちがう……いや……そうかもしれない」
本庄「腹をへらしている子どもならこの横丁だけでも何十人もいる。隼のとりつけ金具一個の金でその娘の家ならひと月はくらせるよ」
二郎「この国はどうしてこう貧乏なんだろう」

煙草を吸う二郎

・菜穂子の病床で、結局煙草を吸ってしまう二郎。

二郎「こうしてあげるからもうおやすみ」
菜穂子「はなさない？」
二郎「うん、はなさないよ」
（一生その手をはなさない、と誓った直後から）
二郎「タバコ吸いたい。一寸はなしちゃダメ？」
菜穂子「ダメ。ここで吸って」
二郎「ダメだよ」
菜穂子「いい」

「きれい」と「うつくしい」

・二郎の場合／「きれい」（女性に対して）と「美しい」（ものに対して）の形容詞を厳密に峻別している。

「きれいだよ」（菜穂子に）
「美しい」（飛行機に）
「ぼくは美しいヒコーキをつくりたい」（少年二郎）
「ぼくは美しいヒコーキをつくってみたいと思っています」（青年二郎）
「きれいになったね」（学生二郎が下宿を訪ねてきた加代に）
「飛行機は美しい夢だとその方は言いました」（少年時に母に）
「美しいよ」（ロシア式ストーブに）

・本庄の場合／ひとに対してではなくものに「美しい」という表現を使う。
「まったく、今日もらったこのデータは美しい」

・カプローニの場合／ひと・もの両方に使う。
「うつくしいな、いい仕事だ」（エピローグで零戦に対して）
「飛行機は美しくも呪われた夢だ」
「行ってしまったな。美しい風のような人だ」（菜穂子に対して）

・カストルプの場合／菜穂子に対して「美しい」を使う。
「うつくしい」（二郎と菜穂子がホテルの階段で愛を誓い合ったとき菜穂子に対して）
・女性たちのこの形容詞の使い方は異なる。
黒川妻「美しいところだけ好きな人に見てもらったのね……」
↓二郎が美しいものだけに興味があることを知っていることの裏返しとも言える。

二郎の恋愛――お絹の残響と変奏

・**一高の後輩**「二郎さん、リーベのプレゼントですね」
このとき二郎はお絹の俤を慌てて追っている。この時彼が夢想したのは菜穂子ではなくお絹である。
・「いい男じゃねえか。な、お絹坊」と里見家の丁稚たちは指摘する。『伊豆の踊子』における一高の学生と踊り子のようにカップルになりえないふたりを前提としていることは明らかである。
↓二郎は自らに対する女性からの視線を既に自覚済みである。少年期の夢の中では、自らが設計した飛行機を自らで操縦して街を駆け抜けると（これも近眼である二郎のコンプレックスの裏返しであるとも言える）、女性たちは一斉に彼に向かって喝采を送る。対して二郎少年も大手を振って応答する。ここに男性は一人として登場しない。これは二郎の抑圧された無意識である。

・「お客様をお部屋にお通ししました。女の方ですよ」（下宿の女中）。二郎はてっきりお絹だと思い込んで一瞬期待したが、待っていたのは妹加代だった。加代はその失望（自分が期待された客人ではなかった失望）を如実に肌で感じ取っている。

・彼は菜穂子たちに名前を名告《なの》らず立ち去るが、「本郷の学校」の学生であることはしっかり伝えている。またその後、実際に里見家の場所を訪ねてもいる。こうしてみると執着がないわけではけっしてない。

・三菱着任時に帝大卒のエリートが来たという眼で社内の女性たちが二郎を眺めている視線を見逃してはならない。二郎はその視線に無頓着ではない。知らぬ素振りを装いながらも自覚しているのである。

・軽井沢で泉からホテルへと帰るふたりににわか雨が降り注ぐ（そして虹になる）。相合傘を持つふたりの手が徐々に近づき、そして重なる。菜穂子は二郎の関心がお絹に向いていたことを知っているからこそ、お絹の近況をまず伝えざるを得なかった。これで物語上、二郎とお絹の恋愛は閉じられ、それは残響として変奏されることになる。

「あなたの居所がわかったのはお嫁に行く二日前だったんです。あなたの居所、お絹、泣いて喜んでいました。二郎さんはお絹と私の王子さまだったの。そう、白馬に乗った王子さま。あのひと、この前二人目の赤ちゃんを産んだんですよ」（菜穂子）

・学生時代の食堂杉屋で配膳する女中「君ちゃん」。

・二郎がはじめて設計主任を任されたときのカフェフライアの女中の名も「キミちゃん」である。

二郎と本庄のプラトニック・ラブ――二郎を男性論理へ誘う者として

・大震災で東京が延焼する際も本郷の図書館で本庄の煙草に顔を近付けて火を点けながら、二人だけの世界観に浸る。

・工長のところでお互いの腰に手をまわして顔を近付け合うふたりのやや構図的には不自然な距離感。

・赴任のとき二郎をひとり名古屋に迎えに行く本庄。同じひとつの手荷物をふたりの手で持つ。（菜穂子と一本の傘を持つ場面に相似）

・三菱に着任したばかりの二郎に人知れずウィンクして合図を送る本庄。

・**本庄**「その男に触れるな！」（ドイツ人技士に対して）

・本庄の結婚の報告はまず最初に二郎へと語られる。そのときもやや弁解の風情であり、「仕事のために結婚する。これも矛盾だ」と本庄はきまりが悪そうに言い訳してみせる。

・「（設計チームに）本庄をください」と嘆願する二郎。
・本庄と菜穂子は映画のなかで交わることがない。
・設計時など往々にして上司（服部課長）の呼びかけにも気づかず、夢見がちに設計紙を風に巻き上げ空想に浸ってしまうような二郎を現実世界に引き戻すのはいつも本庄である。

本庄「おい、二郎」

・ドイツ滞在中の二人の部屋を訪れる社員。そのとき二郎はベッドにネクタイをつけたまま寝てしまっていて、それを遠慮してか社員はそれ以上なかには入らない。

本庄「どうぞ」
社員「ここでいい」

進歩主義者でアキレスを夢見る本庄と鯖の骨や小さくても亀になる道を夢見る二郎

・本庄「旧式だ。何もかもちっとも変わらん」
・本庄「マンネリズムだ」
・本庄が好むのは「鯖の煮つけ」より「肉豆腐」である（ジェラルミンとの対比で）。

・ユンカース社視察の際、大規模な爆撃機よりもシンプルでロシア式ストーヴのような単機にひとり近づきゆく二郎。

・ロシア式ストーヴ（生活）と飛行機とを類化性能的に結びつける二郎。

二郎「本庄、コタツとヒコーキはつながるかもしれないよ」

・〈アキレスと亀〉のパラドックス。

本庄「それでは間に合わない。俺たちは二〇年は遅れてるんだ」
本庄「おれたちは二〇年先の亀を追いかけるアキレスだ。二〇年の差を五年で追いつくが、亀は五年先にいる。おれたちは五年を一年で追いつく」
二郎「それではずっと追いかけることになるよ」
本庄「いまはそうするしかないさ。いつか追いつき、追いこしてやる」
二郎「小さくても亀になる道はないのかなあ」

風に加担していく「職業」と相克する「個人」――仕事・戦争の男性論理と日常生活の女性論理

・カプローニがフィナーレで二郎を日常の世界へと誘う。

カプローニ「いいワインがあるんだ」

この言葉で物語を締めることの意味は大きい。

・菜穂子の父「君には仕事がある。男は仕事をしてこそのものだ。さっ、いきたまえ」

・加代「にいにいの部屋にわたしも住んじゃダメ?」

二郎「あそこは……（言葉を濁しながら）そのころにはぼくは多分名古屋だな」

当時の社会通念では医者の職に女性が就くのはまことに至難の道で、また一高や帝大にも行けないことを二郎は重々わかっているが、直接そうした社会通念に対して反抗しようとしない姿勢はそのままに描かれている。一方加代は二郎が答えない壁に気がついている。

母親のかたち

二郎の母、千尋のお母さんに代表される宮崎アニメ特有の母親像や、クシャナ、エボシ御前など合理的で理知的な女性像はいったい何を意味するのだろうか。もちろんこれらの女性たちはそのことで必ずしも批判的に描かれているわけではない。

潜在するコンプレックスの解消――眼鏡をはずすこと

・二郎の生来のコンプレックスを解消させる役割を持つ菜穂子。設計を終えて帰宅して布団のなかでくずおれるようにして一気に眠り込んだ二郎の眼鏡をそっと外すのは菜穂子の所作だ。

・**少年二郎**「近眼でも飛行機の設計は出来ますか? ぼくは近眼で飛行機の操縦ができません!」(カプローニに)

・**少年二郎**「星を見ると視力がよくなるというのです」(加代に)

少年期は近眼をひどくコンプレックスにしていたが、大人になるとそのルサンチマンは他者の自らへの羨望の視線のうちに潜伏していくことになる。それを払拭し、洗い出し、解放する存在が菜穂子なのである。

菜穂子への手紙、菜穂子の寂しさ

・一度も富士見のサナトリウムに見舞いに来ることがなかった二郎。
・病身のまま無理を押して単身で富士見の町を下り、満員の三等客車で名古屋へ向かう菜穂子。
・絵コンテに描き込まれた菜穂子の心情。

この手紙で二郎が山に来る日が決まるはずだった。かおがくもる　くもるが　読みつづける（わずかにカオうごくこと）　風花がまう空。青空がまだのこり　いく段ものクモが流れている　降ってくるより　舞い上る（作画でやりましょう）　そのまま雪になってしまうのか。しだいにはげしくなる。風花のまう中で毛布にカオをうずめている奈ホ子　カオを出す。二郎は来ない　かなしく、せつない

シンメトリー／相似形の構造

シンメトリーの整然とした構図は宮崎の特筆すべき資質で、それらは何度となく螺旋的に繰り返され、差異を孕みながら変奏されていく。そしてそれが物語の推進力ともなっている。人物同士（二郎とカプローニ、二郎と菜穂子、二郎と父、二郎と加代、加代と菜穂子）の出会い、里見家の女中お絹への想い、名前・言葉などが変奏されていく。

（1）夢とカプローニ

1　少年二郎とカプローニ
2　関東大震災時の学生二郎とカプローニ
3　西廻り滞欧中の青年二郎とカプローニ
4　戦後・菜穂子死後の中年二郎とカプローニ（それでもカプローニは二郎を「日本の少年」

と呼びつづける)
(2)サバの煮つけ定食
1 東京帝国大学時の食堂杉屋
2 三菱の社員食堂(名古屋)
(3)お絹/君/君
1 汽車連結部での出逢い、里見家の女中「お絹」
2 食堂杉屋の女給「君」
3 カフェフライアの女給「君」
(4)ディザスター(自然災害)と戦争(戦争災害)の風景の相似
1 関東大震災直後の東京(焼け野原を背景に蛇口をひねる二郎)
2 B29に爆撃され、零の残骸が積み重なる戦後の東京
(5)成功/失敗
1 零の成功
2 敗戦「国を滅ぼしたんだからな」(カプローニ)
1・2 最終的な成功と失敗は表裏一体に連続した場面で描かれる。
(6)黒川家へ向かう加代、乗合自動車から車窓を通してみる風景が二度相似形に描かれる。
1 結婚挨拶のとき
2 菜穂子出奔のとき

(7)「天井大風」の額
1　三菱の会議室（社内コンペ時）
2　黒川家玄関（菜穂子来訪時）
3　黒川家玄関（菜穂子出奔時／加代の来訪時）
(8) 待つ加代
1　**加代**「ニイ兄様だ。笹とりにいきましょう。笹とり行きましょう。笹とりに行くと約束しました」（二郎の帰りを待つ幼年時代）
2　下宿で二郎を待つ少女時代
3　黒川家で二郎の帰りを待つ加代
(9) 菜穂子「来て」「来て」「生きて」
1　新婚初夜「来て」
2　零飛行テスト前日「来て」
3　戦後・菜穂子死後「生きて」
(10) 飛行テスト
1　隼
2　零試作機
3　零
(11) キス

1　中軽井沢・信濃追分の高原で絵を描きつつ、振り返りながら
2　仕事から帰ってきた黒川家のはなれで
⑿汽車
1　出会い／二等客席（菜穂子・お絹）と三等客席（二郎）の連結部分で
2　菜穂子喀血の電報を受け取り、名古屋から代々木上原に向かう車内で出会いのときと同じ連結部分に座り、今度はひとりでさめざめと泣く二郎
3　菜穂子出奔／富士見高原療養所から名古屋へと向かう汽車で菜穂子は今度は三等客席に座る
⒀帽子・パラソル・紙飛行機
1　出会いの汽車の連結部分で二郎の帽子を菜穂子がキャッチする
2　再会の軽井沢で菜穂子のパラソルを二郎がキャッチする
3　軽井沢の草軽ホテルで二郎の紙飛行機は菜穂子の足もとへ落ちる
4　軽井沢の草軽ホテルで落とした菜穂子の帽子を二郎が草のしげみに飛び込んでキャッチする
⒁風
1　「風は吹いているか、日本の少年よ」（カプローニ）
　「はい。大風が吹いていています」（二郎）
2　「風があなたを運んできてくれたの」（菜穂子）
3　「美しい風のような人だ」（カプローニが菜穂子のことを二郎に）
⒂二郎と菜穂子の父

軽井沢の高原で画面の両端から二人は登場し、菜穂子を挟んでクロスして通り過ぎる。

(16) 牛

試作機を運ぶ牛の場面は二度登場する。

二郎「でも牛は好きだ」

(17) 敬礼

青年二郎はカプローニの奥さんに帽子をとってにわかにかしこまって敬礼し、ラストシーンでカプローニは「美しい風のような人だ」と帽子をとって二郎の妻であった菜穂子に敬礼する。

風の意味するもの

重役の会議室には「天上大風」の額が飾られている。「天上大風」は良寛の書に由来し、スタジオジブリのプロデューサー鈴木敏夫の筆になる扁額である。同じ扁額は黒川の自宅玄関にも飾られていて、この額が複数回出てくることには注目しなければならない。小津映画は小津自身の筆蹟になる看板が多出するように、この手法は作品世界を自らのメディウムで彩るのみならず、『千と千尋の神隠し』の油屋玄関の衝立に書き込まれた「回春」という記号がこの場所がハンセン病患者の重要な記憶を内包する場所であることを示すように（回春病院は熊本のハンセン病の療養所の名前）、「天上大風」は意味のない記号ではありえない。良寛の書の意図するところは、地上では風が吹いていないと思われても天上では吹いているというもので、個人や日常の上に降りかかる目に見えない「風」の存在を表しているようにも思われる。比して、海軍の会議室に掲げられている「必滅」の扁額は他者の視点が介在する余地もなく浅薄である。

風が運ぶ恋愛

・二等客車と三等客車の連結部分で風が二郎の帽子を飛ばし、菜穂子がそれをキャッチする。
・軽井沢の草軽ホテルで二郎の飛ばす紙飛行機が菜穂子の足もとに届く。
・軽井沢の草軽ホテルで菜穂子の落とした帽子を二郎が草のしげみでキャッチする。
・菜穂子を追って「風のあまりのようなもの」（堀辰雄『風立ちぬ』）の行き着く先にある泉へと誘われる二郎（二郎は菜穂子がその先にいることを確信して意志を持って向かっている）。

「はじまり」へと向かう「終わり」――『カリオストロの城』との相似

・カリオストロに酷似する関東大震災時の菜穂子の父の風貌。
・『カリオストロの城』（一九七九・初監督作品）と『風立ちぬ』（二〇一三・引退表明作品）のフィナーレの類似――宮崎アニメの根底にあるロマンチシズム。
・「皆がもう行き止まりだと思っているところから始まっているようなこの生の愉しさ」（堀辰雄『風立ちぬ』）。

・「終末が近いぞ」とか言うときはファンタジーになるんですよ。「風の谷のナウシカ」ですよ（砂田麻美監督『夢と狂気の王国』における宮崎駿の発言）。

来て／来て／生きて――最後のスライド

・「死」から「生」へ。
・カプローニ「ちょっと寄って行かないか。いいワインがあるんだ」

（1）初夜
「来て」（菜穂子）
（2）煙草を吸うとき
「近くに来て」（菜穂子）
（3）フィナーレ
「来て」→「生きて」（菜穂子）

いざ生きめやも

・「まだ風は吹いているか、日本の少年よ」「では生きねばならん。Le vent se lève. Il faut

tenter de vivre.」とカプローニは二郎に語りかける。「まだ吹いています！」と時のねじれを超えて応答する二郎。

・「風立ちぬ」というのはですね、実は激しい時代の風が吹いてくる。吹きすさんでる。その中で生きようとしなければならないという意味です。それがこの時代の変化に対する自分たちの答えでなければならないと思います。「宮崎駿スペシャル　風立ちぬ　一〇〇〇日の記録」（ＮＨＫ総合テレビ　二〇一三年八月二六日）内の二〇一一年六月三〇日の宮崎監督の発言。

・「堪《たふ》る限りの力を尽くして生きる」（堀田善衛）。

6 風の谷のナウシカ——蟲めづる姫君

第三の場所としての「風の谷」

『風の谷のナウシカ』は一九八四年に宮崎駿原作・脚本・監督（高畑勲がプロデューサー）で公開された映画作品で、先行する漫画版『風の谷のナウシカ』の第一巻から第二巻までを主な下敷きとしている。第三巻から第七巻までは映画公開後も一九九〇年代前半まで書き続けられている。ゆえに漫画版と映画版ではストーリー展開なども別箇の展開を辿っている。ここでは主に映画『風の谷のナウシカ』について語ることとし、ときに必要に応じて漫画版も参照することとしたい。

＊

『天空の城ラピュタ』『魔女の宅急便』『となりのトトロ』『紅の豚』『千と千尋の神隠し』『ハウルの動く城』『崖の上のポニョ』と宮崎駿作品にはそのタイトルに助詞の「の」が頻出するが

(『もののけ姫』は性質が違うので除外する)、『風の谷のナウシカ』も同様で、さらにこの作品に関して言えば、たとえばレオナルド・ダ・ヴィンチ(ヴィンチ村のレオナルド)のように地名を名に冠していることに注目すべきである。彼女は自らを必ず「風の谷のナウシカ」と名告《なの》っている。

やはりここでも「風」(ギブリ)が問題とされている。常に風がナウシカの意志の固い頬と髪を揺らしている。王蟲の群れが谷を怒りで埋め尽くすとき、はじめて風が止まる。この谷の人々は普段から安易に原子力とおぼしき巨神兵の力に頼らずに、自然エネルギーである風によって必要な分だけのエネルギー供給をつつましやかに行っている。だからエネルギーの略奪に意識が向かって攻撃や支配の矛先が他者に向くことはない。

そしてそんな「風の谷」には追われた者たちが集まってくる。兇暴な軍事国家[1]であるトルメキア帝国の皇女クシャナにはより皇位継承権の高い兄たちがいて(そのことは漫画版では詳しく描かれている)、彼らによって彼女は立場と生命を阻害もしくは圧迫されている。そしてペジテの地下で発掘された巨神兵を奪取し、それを風の谷で活用することによって彼女は骨肉の権力争いの情勢の一発逆転を試みている。彼女は風の谷でトルメキアとは別の王土を建設しようとしている。また参謀としてクシャナにつけられたクロトワは民間からたたきあげの軍人で、クシャナが作戦遂行中に事故死したかと思われたときには「うだつのあがらねぇ平民出にやっと巡ってきた幸運か、それとも破滅の罠か」としれっと言って見せる。クシャナとクロトワは強国トルメキアに属しているとはいえその主勢力であるとは到底言えず、その権力だけでなく生命までもが脅《おびや》かされて追い詰められた者たちである。

またペジテも強国トルメキアに圧迫されているが、王蟲に自国と風の谷を襲わせることによって、情勢の起死回生を試みる。ペジテのアスベルは最初の登場からしてトルメキアの艦隊に復讐として単機のガンシップで突っ込むわけだから、ほぼ自爆テロに近い。こういう描かれ方からしても、ペジテが存亡を賭けて追い詰められた集団であることは明らかだ。そしてそれは飛行船のなかでトルメキアによって自決寸前まで追い詰められたペジテ市長が「ペジテの誇りを見せてやる」（このときペジテの女性たちはこうした男性たちの論理に納得しているとは到底言い難い）と言ってしまうような思考体系にも如実に表れている。

すなわちこのような国家と国家が破裂寸前まで膨張する弱肉強食の激しい帝国主義的なせめぎあいの中で、追い詰められたあぶれ者たちが風の谷に集まってくる。自国は主戦場とはならず、選ばれたのが第三の場所としての風の谷なのである（後述するが、クロトワはその名の通りさらに超越してすべてを傍観する第四の立ち位置かもしれない）。クシャナは理想の国家建設をこのエアーポケットのようなアジールである風の谷で目論む。戦争は往々にして当該地ではなく第三

（1）「トルメキアははるか西方の兇暴な軍事国家だ」と見聞豊かなユパは語り、またペジテ市の男性は「トルメキア軍にわれわれはほとんど殺されてしまった」と告白している。

地で起こる。『もののけ姫』において、西の天朝の近代化によってもたらされた祟りを東の蝦夷の一族であるアシタカが不条理に引き受けてしまうように、風の谷は抑制されたエネルギーによって循環的でつつましやかな生活を送っている土地であるにもかかわらず、膨張する他国間の争いの犠牲地として選ばれる。だからナウシカは最後まで「風の谷のナウシカ」を名告《なの》りつづける。

蟲めづる姫君

この風の谷の姫は変わり者の姫で、平安朝の『堤中納言物語』[2]に登場する「虫めづる姫君」ならぬ未来版「蟲めづる姫君」である。誰もがその存在の貴さを顧みず、ただただ恐れるだけの王蟲をこの姫は心底愛し、また畏れている。王蟲を見た目から避けないばかりか、腐海の毒が逆説的に汚染された世界の復元につながりうるのではないかと、ひとしれず腐海の毒を採取し、住居の地下室で培養している。

まことに菌類はわたしたちの学問のなかでもっとも研究が遅れた分野だった。生物学はまず静止しているものの観察（植物学）から始まった。植物学の歴史はある程度古い。その後、わたしたちは動くものへの観察（動物学）へと関心が移った。動くものの観察はなかなか難しい（もちろん植物は実際には動いているし、フランシス・ポンジュの言い方を借りれば「植物は目の中で広がる」[3]ともいえるだろう）。そして最後にひっそりと取り残された分野が菌類（粘菌）の研究だった。この分野の東洋における世界的な嚆矢《こうし》は、大英博物館に勤め、『ネイチャー』誌にも寄稿していた南方熊楠[4]だろう。菌類は〈動物〉と〈植物〉の分類も、〈個〉と〈複〉の分類も容易ではなく、細胞分裂のような事態も起こるわけで、〈雌〉〈雄〉同体であったり、〈雌〉〈雄〉の交替が生じたり、性や個体（単位）の分類さえ容易にはいかない。このように整理と分類を拒む、近代が最も苦手とする領域が「粘菌の研究」だったといって過言ではない。

この分野に積極的に挑み、粘菌を粘り強く採取・収集したのが熊楠だった。彼は紀伊の菌類の胞子を根気強く集め、『菌類図譜』[5]を作成した。宮崎駿が『もののけ姫』を作る際に網野善彦の中世観を参考にし、その自然観を中尾佐助の『照葉樹林文化論』[6]に負ったのは有名だが、この『風の谷のナウシカ』では熊楠が多分に意識されているだろう。宮崎アニメが繰り返し物質の行

（2）平安時代後期の短編物語集。

（3）フランシス・ポンジュ『物の味方』（阿部弘一訳　思潮社　一九七一年）。

（4）南方熊楠（一八六七―一九四一）。彼の職業や専門を説明するのは困難だが、強いて言えば市井の民俗学者にして博物学者。おもに隠花植物の研究で知られる。和歌山に生まれ、田辺に住む。ロンドン時代、大英博物館に勤務、『ネイチャー』誌にも寄稿する。孫文などとも交友がある。

（5）南方熊楠『菌類図譜』（ワタリウム美術館編集　萩原博光解説　新潮社　二〇〇七年）。熊楠が四〇年の歳月をかけたライフワークをまとめたもの。

（6）照葉樹林文化に関する中尾佐助の仕事は『中尾佐助著作集六　照葉樹林文化論』（北海道大学出版会二〇〇六年）にまとめられている。中尾佐助（一九一六―一九九三）は植物学者。

き止まりである〈灰〉からの再生（スワタリ、まっくろくろすけという灰の精霊たち）を描いたように、分類不可能でもっとも下位に置かれた粘菌から世界の恢復《かいふく》可能性を見出すことはけっしておかしいことではない。ましてや、この『風の谷のナウシカ』が制作された時期はチェルノブイリの原発事故の直後のことでもあるのだから、巨神兵の登場を通して原子力の問題を描きつつ、腐海の毒を浄化する最後の可能性を粘菌たちに見出しているのだとも考えられなくはない。粘菌はなにかの最終形態（たとえば「死」）がなにかの始源（たとえば「生」）につながるイメージをふんだんに持ち、静止して死んだように見えるときも実際は生の萌芽を有していて、生きて見えるときにもすでに死が同居しているのである(7)。

宮崎が熊楠を意識していることは、ジブリが非売品としているマッチ箱を模した紙箱(8)からも推察できる。箱を開けると中一面が苔産《む》した緑色になっていて、そこにトトロが鷹揚《おうよう》に寝そべっている。これを見て思い出すものは何だろうか。寝そべっているトトロのおなかの上でメイが遊んでいる姿は映画のなかでももっとも印象深いシーンのひとつだ。それは南方熊楠が神島を訪れた(9)昭和天皇に進講したとき、無言で鼻息を荒くしながら昭和天皇に差し出したミルクキャラメルの箱ではなかったか。そのなかにはいくつもの粘菌が採取されていたのである。もちろん粘菌など直接渡すことができないから箱に詰めたのかもしれない。このエピソードを宮崎は踏んだのではなかったか。すくなくともわたしはそのトトロの箱を見たときにそう確信したのである。熊楠の死後、昭和天皇はふたたび同地を訪れ、熊楠を偲んで「雨にけふる神島を見て紀伊の国の南方熊楠を思ふ」と詠んだ。

表裏貼り合わせのふたりの姫

ナウシカは風の谷の老人たちの瘤のある手も王蟲たちを愛するように好んでいる（「じゃが、わしらの姫さまはこの手を好きだと言うてくれる」〈風の谷の老人〉）。この姫は「風変り」だと思われているが、風の谷の住人たちからは慕われている。

この老人たちの瘤も詳細な原因は不明だが瘴気《しょうき》(10)が遠因とされている。ジルの病も瘴気が原因であることが彼らの会話のなかで仄《ほの》めかされている。クシャナも徐々にその本心とありのままの

（7）シェイクスピアの『ロミオとジュリエット』において死んでしまったジュリエットがむしろ生き生きとして、生きているロミオがまるで死者さながらに蒼ざめているように。

（8）「スタジオジブリ　マッチ・ボックス・コレクション」と題されたトトロのマッチ箱。

（9）神島（かしま）。南方熊楠は多屋勝四郎に案内されて田辺湾の同地を知り、その生態系に圧倒された。神社合祀令のなかで神島の生態系が著しく破壊される危険を感じた熊楠は、神島の保全運動を起こした。昭和天皇に粘菌標本を献呈したのは一九二九（昭和四）年、神島が天然記念物に指定されたのは一九三六（昭和一一）年である。

（10）高度な文明によって汚染された世界で腐海の粘菌たちが放出する、人間に病気を引き起こすと考えられている空気のこと。

姿を曝していく過程で、王蟲に喰われたとおぼしき箇所を風の谷の老人たちに披瀝する。

クシャナはこうした腐海とそれに関連する王蟲をとりわけ激しく憎悪して、腐海を焼き払い除去しようとする。クシャナは〈浄〉と〈汚〉を二項対立的に捉える近代合理主義の考え方で、不要かつ有害な腐海を徹底的に除去すれば自然を制圧でき、人間の王道楽土が開けると信じている。これはペジテの男性たちもまったく同じである。

ナウシカは腐海と向き合い、王蟲という他者に対しても心を開こうとする。そこには鎧も虚勢も存在しない。ほとんど彼女は何も身に着けていない。腐海や王蟲とともに生きねばならないことを知っている。そしてトルメキアの風の谷侵攻と、肉親である父親ジルの殺害をきっかけにして、ナウシカは風の谷を出て、世界を遍歴《へんれき》することになる。

このふたりの姫の比較はいみじくも風の谷の老人たちによって為されている（「あんたも姫様じゃろうがわしらの姫様とだいぶ違う」）。しかしながらこのふたりは対極であって実は表裏一体だ。それは以下のことからも明らかだ。漫画版ナウシカの第一巻に挟まれているカラー版折り畳み口絵（衣服を極力簡素化しているナウシカと、鎧を重装化したクシャナ）は、奇しくも一枚の紙にふたりの姫が表裏貼り合わせになっているのである。

名前の成り立ちにも秘密が隠されている。Cusianaä と Nausicaä は、その文字を組み替えれば相互が成り立つアナグラムである。つまりこのふたりはそれゆえにお互いを補完し、お互いを変容させる存在なのだ。

クシャナのナウシカへの執着は特に異常だ。ナウシカが帰還するかどうか、最後の決戦の前でも「あの娘はどうした?」とその安否が気になって仕方がない。ガンシップに乗って戻ってきたミトに、クシャナは砲撃戦のさなかをかいくぐって一目散に駆けつける。そのことにクロトワが呆れてもいる。

またナウシカも、父親のジルを殺されたときにはその怒りや恐れから我を忘れてトルメキア兵に暴力をふるい、通常の融和性からは反転している場面もある。その姿は王蟲を恐れ、あるいは兄弟の力を恐れて他国を侵略するクシャナの暴力性(あるいは恐れや不信から足に刀を忍ばせるクシャナ)や怒りから我を忘れてしまう王蟲の攻撃性と何ら変わらない。ナウシカはユパの犠牲——ナウシカとトルメキア兵のあいだに割って入り刺されたときの腕を伝う血——を目の当たりにしてはじめて自らの内に潜むそうしたものの存在に気づき、自覚するようになる。彼女は最終的には暴力の応酬によってではなく、無抵抗の犠牲によってしか争いに終止符を打つ手段がないことを悟る。終わらぬ報復の応酬にはそれ以外に解決の道がないことを悟る。そしてそのことにナウシカが気が付いたのも、ユパの献身的な犠牲を見たからだ。

それはキツネリスも同じである。キツネリスははじめは恐れから他者を噛んだり襲ったりした。無抵抗のナウシカに対してでさえ指に噛みついて、血を流させる(『崖の上のポニョ』や

『千と千尋の神隠し』でも、一貫してジブリアニメにおいて「血」は重要な主題のうちのひとつであり続けた)。無抵抗で受け容れるナウシカを知ってキツネリスはようやく安堵し、大人しく懐柔される。ナウシカの戦わずして鎮魂《たましずめ》する能力とキツネリスを懐柔する能力を前にしてひとしれず驚くユパの表情を見逃すことはできない。キツネリスはナウシカを導く者でもある。キツネリスという名前自体がキツネとリスのハイブリッドな名だが(この映画ではジルの乗る「トリウマ」という存在もある)、『もののけ姫』においてヤックルがアシタカを西と東の境界へ運ぶように、ナウシカがキツネリスを連れているようでいて実はキツネリスがナウシカを導いているとも言うことができる。ジブリ作品において主従の別は存在しない。

王蟲も人間の暴力に対する恐れと怒りから、自制心を失った攻撃性を示す赤へと変化する。冒頭で王蟲除けの砲声に驚いてユパを襲う場面もそうだ。そのとき青から赤へと王蟲の目が転じる。恐れと攻撃の表裏一体。ナウシカはそのような王蟲に対しても、傷だらけの王蟲の子を酸の海から自らの脚を犠牲にして守るときにも、また最後に風の谷を守るときにも、終始一貫して無抵抗の姿勢をジルの死以降継続する。

鎧を脱ぎ、女性論理へ向かうクシャナ

クシャナは鎧を着ているトルメキアの装甲の兵士たちに混じり、はじめは女性なのかさえ判別

がつかない。からだのラインが鎧によって消去されているからである。それは彼女の意志の表れでもあった。帝国主義的な他国とのせめぎあいや内部の骨肉の権力争いのなかで、彼女は妥協することなくそうした論理（やるか、やられるか）と対抗せざるを得なかった。だから彼女は男性たちの社会に対して同じ論理で戦うことを選んでいるのである（あるいは選ばざるを得なかった）。だからこそクシャナは女性的なラインを消して鎧を着込む。一方、ナウシカは自らの胸のラインをより強調して、キツネリスを胸のなかに押し込んで、その女性性をほぼ無防備なまでに露わにする。

しかしクシャナは表裏一体の存在であるナウシカとの邂逅《かいこう》によって変容していくことになる。彼女は徐々に窮屈な鎧（比喩的な意味では心のチョッキ）を脱ぎ始める。まず彼女は風の谷の老人たちに王蟲に喰われたとおぼしき鎧によってひた隠しにしていた秘部を露わにする（このことはナウシカが秘密にしていた粘菌培養の地下室をユパに開示することとも照応しているかもしれない）。そしてそのとき「我が夫となるものはこれよりおぞましいものを見るだろう」とさらに踏み込んで言ってみせるのだ。クシャナの女性性を観る者に否が応にも意識させるための発言である。少しずつ彼女はむき出しの肩を見せる。戦車のなかの安全地帯に避難するようクロトワに助言されても、「そのままでいい」と言ってきかない。そんな白いシュミーズをのぞかせるクシャナに対してクロトワは、「何があったか知らねえが、かわいくなっちゃって、まあ」と彼女の変化をしれっと観る者に伝えるかのように強調してみせる。それはもちろんナウシカの女性論理の姿勢に彼女が如実に影響を受けていることを表している。ナウシカはクシャナの風の谷侵攻とジル殺害によって、クシャナはナウシカとの邂逅《かいこう》によって、お互いに決定的な変容を遂げる。このふたりも実は王蟲の赤と青、腐海と清浄な世界、恐れと怒りの背中合わせと同様に表裏一体なのである。

ペジテの男性論理と女性論理[11]——アスベルの反転

クシャナだけではない。トルメキアと敵対するペジテのアスベルもナウシカによって変容を遂げる重要なひとりである。はじめこそトルメキアの空中艦隊に単機で突っ込み、また王蟲に対しても激しい忌避を示すアスベルはまちがいなく男性論理の信奉者だった。そんなアスベルはナウシカによって「あなたもクシャナと同じことを言うのね」と思考の核を看破されてしまう。「いや、ちがうちがうちがう!」とアスベルは必死に否定してみせるが、実際トルメキアとペジテのやっていることはさほど変わらない。どちらが強くてどちらが弱いのかの差異しかそこには存在しない。結局、ふたりがおなじ論理で戦っていることは明白である（ここで別の論理として意識されるのは『風立ちぬ』で二郎が指摘する「小さくても亀になる道」である）。

ペジテの人たちも一筋縄ではない。そもそも冒頭のアスベルの双子の妹ラステルの死に方自体が「犠牲」による死であった。ラステルの死に際し、ナウシカが手足をつながれた鎖をナイフで解き放つくだりは、死者に対するせめてもの礼儀であり、ナウシカの自由への意志の表れであるだろう。ラステルの姿勢はのちに登場するペジテの女性たちの思考体系の伏線としても機能している。

ペジテの男性たちはトルメキアとの報復のし合いに活路を見出しているが、女性たちが復讐の連鎖に賛同しているわけではない。ここでは女性たちが男性論理の運命に付き合わされることになっているが、男性たちと女性たちが区分けされて描かれていることは構図的に明らかだ。

ナウシカは映画の後半、はじめてペジテの男性たちと対面して話を交わすことになるが、女性たちは艦船のなかからそれを心配そうに見守っている。ナウシカは必死に男性たちを説得しようとするが、彼らは彼女の論理を理解することができず、いっこうに受け入れない。アスベルはこのときはすでに立場を変えていて、ナウシカの側に立って彼らの作戦を止めようとするが、アスベルは背後に廻った男性に殴られて気絶し、ナウシカはペジテの艦船内部に収監されることになる。そこでナウシカを待っていたのはペジテの女性たちだった。

まずペジテの女性たちはこの男性たちの帝国主義と同じものさし、すなわちやるかやられるかのせめぎあいには意外にも賛同していない。自己を成立させて他を抑圧するような姿勢にも賛成

（11）男性論理、女性論理についてはアリストファネス（紀元前四四六―紀元前三八五年頃）の『女の平和』（紀元前四一一年頃）を念頭に置いてみるとわかりやすいかもしれない。この喜劇では女性たちがセックス・ストライキを敢行することで、男性たちが戦争に明け暮れるのをやめたことが語られる。

しない。収監されたナウシカの身代わり（ラステルに続いてふたたび「犠牲」）になるのはペジテの少女である。ペジテの女性たちはペジテの男性たちのナウシカへの非礼を深く詫びて、ナウシカと考えを同じくしていることを伝える。ここでナウシカはトレードマークである「青き衣」（大ババ様の「その者青き衣を纏いて金色の野に降り立つべし」を踏まえる）を脱いで、身代わりとなるペジテの少女が着ていた赤い衣服へと着替えることになる（この「赤」は王蟲の「血」によってふたたび「青き衣」へと変容する）。ナウシカの脱出にはアスベルの母も参画している。ペジテの女性たちとアスベル、そして冒頭のラステル（ラステルは自らのことよりも「積み荷（＝巨神兵）を燃やすこと」を最後に言い遺したのだった）は、ペジテの男性たちの論理よりもナウシカの論理にむしろ与《くみ》しているのである。

ここで言いたい男性論理・女性論理というのはけっして男性がこうで女性がこうだ、というような類《たぐい》のものではない。女性が男性性を有し、男性が女性性を有することは往々にしてあり、性はそのように二項対立的なものではないだろう。ただこのシーンではわかりやすくペジテの人たちが男性と女性の構図分けをして描かれていることから、限定的にこの言い方を用いる。ここでは男性論理が他者（自らの外部）に侵入して支配・抑圧する論理なのに対して、女性論理は自らのうちに他者を受け容れる論理（たとえば子どもを自らの内部に宿すということは、自らのなかにふたつのデュアルな生命を有し、他者を受け容れることでもある）として象徴的な意味合いを持って描かれているのではなかろうか。もちろん女性が必ずしも他者を受け容れ、男性が他者を受け容れぬというようなものでは断じてない。そもそもこれらは二項対立的にではなくぐるぐると循環して存在している。

ナウシカは女性、老人、こども、病人につねにやさしく寄り添う。王蟲に対しても素直に虚飾せず胸を開く。ナウシカは王蟲の痛みや恐れまで理解している。クシャナのコンプレックスや恐怖、怯えも理解している。アスベルやペジテの男性たちの論理の発生由来も知っている。ナウシカのなかに他者が存在しなかったのは肉親である父を殺されたときだけである。またそれによってこそ、そのとき犠牲を払い、自らの腕を負傷した女性論理を兆《きざ》したユパを見たからこそ、彼女は自らの裡《うち》に潜む男性論理の存在にはじめて気づき、青ざめ、怖くなったにちがいない。しかし、そのあと彼女の覚悟はたしかなものに変わった。『千と千尋の神隠し』において千尋がカオナシを手なづけたように、ナウシカはそのあと自らの攻撃性を一切発揮させなかった。その意味で男性論理と女性論理は対立する二項の概念ではない。誰しもがこのふたつを有していてそれらはつねに反転するのである。だからこそ生と死は循環し、赤と青は循環し、恐れ（攻撃）と赦し（無抵抗）はぐるぐると廻り続ける。

風の谷ではさまざまなものがぐるぐる廻る。そこはさまざまな対概念が反転するアジールである。単純な二項の対立は悉く無効化される。そこでは〈敵〉も〈味方〉も存在しない。当然のことながら〈善〉と〈悪〉の勧懲も存在しない。〈赤〉も〈青〉も、〈男性論理〉と〈女性論理〉も、すべてが循環する。

ナウシカとの出会いによって、心身ともに鎧を着込むことによって女性論理を意図的に消去していたクシャナは女性性を発露するに至り、報復を繰り返していたアスベルはナウシカとともに行動するに至る。恐れから怒りに染まった赤い目をした王蟲も、ナウシカの犠牲によって青い目へと最後は変容し、そして永遠の争いはついにナウシカの犠牲によって止まる。王蟲もトルメキアも最後は風の谷から撤退していく。宮崎駿がここでテーマとしたのは彼の民俗学的な知見に基づく〈少女の犠牲〉の物語でもあったにちがいない。

ナウシカはそのために風の谷を出て縦横無尽に動き回る。さまざまな他者を知り、他者を受容れる。宮崎は「『いまのままでいいのよ』って歌が流行っているんだからね。ありのままで。ありのままは最低だよってぼくは言うんだけどありのままの人間なんて全然面白くない。努力して無理して痩せ我慢しなきゃダメだよ」（「終わらない人」荒川格　NHK　二〇一七年）とのちに語る。宮崎アニメは、千尋もソフィーもナウシカも、ひとつどころにとどまったりはしない。ありのままでは終わらない。

キーワード集

着脱の対照

風の谷の住人「あんたも姫様じゃろうがわしらの姫様とだいぶ違う」

①クシャナの場合

金色の鎧を着込み武装するクシャナ。女性が男性論理で男性たちと向き合う意志の表れか。ゆえにクシャナが男性であるのか女性であるのかは冒頭のところではハッキリしない。女性性（体のライン）は鎧によって消去されている。しかし明らかにナウシカと接触してからのクシャナには変化が起きている。それに照応するように、彼女は鎧を脱ぎはじめる。

→クシャナおよびトルメキアの怯えと攻撃の表裏一体

（1）ナウシカがクシャナに対して「あなたは何を怯えているの？　まるで迷子のキツネリスのよう。怖がらないで」。

（2）人質となる風の谷の老人「なんでこんなに密集して飛ぶんじゃ？　まるで襲撃に怯えているようだ」（怯えと攻撃の表裏一体を暗示）。

（3）足にナイフを隠し持つクシャナ（疑義と怯えの象徴）。

②ナウシカの場合
シャツ一枚のナウシカ。体の線がはっきり見える（クシャナの鎧と対照的）。ナウシカの乗るメーヴェも至って質素なつくり。鳥のようである、と登場人物たちに形容される。否が応にもナウシカの女性性は強調される。

↓ナウシカの無防備
（1）ナウシカは何度もアスベルや王蟲のイメージのなかで衣服を脱ぐシーンがあるが、腐海のなかで瘴気《しょうき》マスクすら外そうとする。
（2）腐海の底で泣いている姿をアスベルに隠しもしないナウシカ。
（3）攻撃するアスベルに対しても手を拡げる無抵抗のナウシカ（衣服はイメージのなかで簡素化されている）。
（4）攻撃するペジテ兵に対しても無抵抗で銃撃されるナウシカ。ペジテ兵の一人は観音のようなイメージで――『崖の上のポニョ』のグランマンマーレが「観音だ」と形容されたように――徹底的な無抵抗・非武装によって男性論理に変更を迫るナウシカを捉えている。
（5）「恐くない。怯えていただけなんだよね」。攻撃性をむき出しにするキツネリスに対するナウシカ。指を噛まれて血を流すことになる。すなわち世界のあらゆる暴力性は不安に依拠するものが多い。
（6）〈身代わり〉という着脱（ペジテの少女が身代わりを申し出る）。無償の贈与。
（7）「怒らないで。怖がらなくてもいいの。わたしは敵でないわ」と王蟲に言うナウシカ。徹底した言葉による鎮魂《たましずめ》。すなわち赤いときの王蟲の攻撃性もそもそもは恐怖に依拠している。

ナウシカとクシャナの相互補完関係

・アナグラムとしての表裏一体（NAUSICAÄ-CUSIANAÄ）

（1）ナウシカとの出会いにより金色の鎧を段階的に脱ぐクシャナ（クシャナの女性性の発露へと繋がる）。

「何があったか知らねえが、かわいくなっちゃって、まあ」（クロトワがクシャナに）

↓クシャナの女性性はことさらに強調される。

「我が夫となるものは……」と鎧のなかの身体を披歴する時点で、クシャナに変化はもたらされている。それまでは彼女の自尊心が武装して隠していたものである。

（2）ナウシカが乗っていると思い込んで、ガンシップを撃つなと兵士を殴りつけるクシャナ。そしてガンシップに駆け寄るクシャナ。「あの娘はどうした?」（クシャナ）と、ナウシカの存在がしきりに気になりはじめている。

（3）戦車の中へ入るよう参謀クロトワに言われても「ここでいい」（クシャナ）。

（4）アニメ版『風の谷のナウシカ』の差込カラーページは、衣服を軽装化したナウシカと鎧を着装したクシャナが表裏一体に印刷されている。

＊クシャナのナウシカに対する執着は異常である。しかしそれを同性愛的なものと見るよりは、

分身的な存在であることによる相互補完関係と捉えるほうがよいだろう。対極にあるものは常に隣り合わせでもある。

色の対照

◇赤と青

（1）ナウシカとラステル

青色の服に身を包み、赤いイヤリングを装着するナウシカ

赤色の服に身を包み、青いイヤリングを装着するラステル

＊王蟲を囮として銃撃するペジテ兵は、ナウシカを見て「ラステルだ」と叫ぶ。はたしてこれは誤認だったのか。

（2）ナウシカと身代わりの少女

青色の服に身を包み、赤いイヤリングを装着するナウシカ→赤色の服と赤いイヤリングに

赤色の服に身を包み、赤いイヤリングをする少女→青色の服と赤いイヤリングに

（しかし途中から青色の服と青いイヤリングになる）

（3）参謀クロトワのマント

クロトワのマントは外側が青色、内側が赤色で表裏一体である。

（4）王蟲の目の赤と青の反転

「怒らないで。怖がらなくてもいいの。わたしは敵でないわ」と王蟲に言うナウシカ。すなわち赤い王蟲の攻撃性も恐怖によるものである。

（5）王蟲の青い体液にまみれるナウシカ

王蟲の青い体液にまみれるナウシカ。一瞬にしてナウシカの赤い服は伝説の通りに青くなる。ナウシカの肩の血、足の血までもが青くなる。王蟲の大群と向き合うとき、それはもとから青い服のようでさえある。

（6）ブリックとコルベット

ペジテの飛行船ブリック（brick＝煉瓦を意味するか）とトルメキアのコルベット（corvette＝コルベット艦：輸送船護衛用の対潜・対空装備をした小砲艦）の赤と青。この場合、簡素なナウシカの乗る風の谷のメーヴェは文明のどのような可能性を述べるのか。ブリック（赤）とコルベット（青）の合体（上下に接着する）もすなわち赤と青の表裏一体を暗示する。

◇金色

色について考えるときに、金色は決して無視できない色である。以下の金は何を示唆するか。

（1）大ババ様の予言「その者青き衣を纏いて金色の野に降り立つべし。失われし大地との絆を結び、ついに人々を青き清浄の地に導かん」

（2）王蟲の触手、野原、クシャナの鎧の金。記憶を彩る金色
◇血の存在、体液の存在
（1）ナウシカがキツネリスに噛まれて赤い血を流す
（2）ナウシカが肩と足に銃を撃たれて赤い血を流す
（3）傷ついた王蟲の青い体液にまみれて血は青くなる
＊「血」はけっして避けるべきものとしては扱われていない。

男性論理と女性論理

（1）「腐海が拡がらないようにしなきゃね」というアスベルに対し、「結局、クシャナと同じね」とその男性論理を指摘するナウシカ。
（2）ペジテの男性たちに羽交い締めにされるナウシカ、女性論理に覚醒するアスベル。
（3）ナウシカを理解する艦船のなかの女性たち。身替わりという犠牲。
（4）ナウシカのトルメキア兵殺戮の場面は、ユパが痛みを負いながら仲介するものの、ナウシカが自らの男性論理を自覚する契機となったか。すなわちナウシカにも怒りに我を忘れた王蟲に通ずる暴力性は秘められているのであり、男性論理と女性論理は弁別することが難しい表裏の存在である。むしろそれを二項として際立たせ、弁別する考え方こそがその暴力性をむき出しにする。

（5）ラステルは死に際してもなお自らのことより他者のために遺言を残す。「積み荷を燃やして」。
（6）赤いブリックの外部は父性的な空間である。外にいるペジテ民はすべて男性で、その男性論理に囲まれたナウシカと女性論理を持ち始めたアスベルは敗北する（その象徴たる「銃」によってアスベルは気絶させられる）。
（7）赤いブリックの内部は母性的な空間である。ナウシカが目覚めるのはブリックの内部において、である。そこでナウシカはいつのまにか女性たちに囲まれている。意外なことに、ペジテの女性たち――とりわけアスベルの母――はナウシカの論理に深く同調し、男性たちの論理とは一線を画しており、ペジテの男性たちと女性たちの意見は一致しない。
（8）「ペジテの誇りを見せてやる」。最後まで男性論理を貫き、自爆装置に火を点けようとするペジテの男性たち。それに運命をともにする女たち。
（9）トルメキア兵、ペジテ民がともに主張する巨神兵（いわゆる原子力）の戦争利用と平和利用。

母の抑圧

ナウシカの回想のなかで出てくる母の印象はどこか物憂く、その表情は固い。彼女のナウシカへの視線も、慈愛にあふれるというよりは冷ややかで、視線はむこうを向いている。すでに精神を病んでいる節もある。ナウシカの物語における「母の不在」はその後の母の死を暗示させるものだろうが、母はこの回想のなかにしか登場しない。母の存在を極力作品内で消したのは、ナウシカの女性論理をより強調する意味合いもあるだろう。ナウシカの胸のふくらみが殊更強調されるが、さらにたたみかけてテトを自らの胸の谷間に押し込めることも腐海の瘴気《しょうき》から守るためと言いつつ、同じ理由だろう。こうした例は『風立ちぬ』でも見られる。菜穂子の母は不在で、そのことにより彼女の女性性はより強調され（同じ病気＝結核で死んだことになっている）、物語では父と娘が描かれ、一方の二郎は母が描かれるものの父が不在である。

（1）ナウシカの父ジルは登場するが、ナウシカの母は記憶の回想のなかに登場するにすぎない。母の記憶は志向されていながらも隠匿されている。そのため抑圧された母性が一気に発露するか。

（2）アスベルの母を初対面で「お母さま」と呼ぶナウシカ。そのあともアスベルに対して、「母さまのために」と必要以上に「母」と呼ぶ。「父」ジルの死を契機として、「母」の復権の強調。

ギリシア神話のオデュッセウスとナウシカ

（1）定住しないユパ

風の谷にとどまるようジルに懇願されても大ババさまはユパを評して「無駄じゃよ、ユパは捜し続けるよう定められた男」だと説明する。

↓オデュッセウスを想起

（比較）オデュッセウスをもてなすナウシカ↓ユパをもてなすナウシカ
　オデュッセウスの血とナウシカ↓ユパの血とナウシカ

＊ユパに風の谷に残るよう無駄と知りながらも説得したナウシカの父の心情にはどのような気持ちがあっただろうか。またユパの若さはどのようなところに描かれているか。髭に覆われているだけでその表情のみならず、動きも実際は軽快である。ナウシカの就寝時に、なぜか靴が二つあること、風の谷の異変（ペジテの飛行船の不時着）後、ナウシカに続いて様子を見にきたユパの靴と、寝室のユパの靴の一致は何を表すのか。ナウシカの大事な秘部である腐海の植物の実験室をユパだけに見せた（父にも見せていない）意図は何か。

＊神話との関係を考えるべきか。
宮崎駿は「ナウシカのこと」のなかで、ホメロスの『オデュッセイア』より『ギリシア神話小事典』（社会思想社教養文庫）のなかの三ページほどのところからナウシカの造形面で影響を受けたとも語っている。

（2）オデュッセウスを想起させるユパではあるが、彼の行動規範は女性論理に基づいているようにも見える。冒頭で王蟲を怒らせたのも人の子と見間違えてキツネリスを助けようとしてのことである。ジルを殺されて暴走するナウシカを自らの腕を犠牲にして鎮める。

（3）ナウシカもユパも物語冒頭では腐海にいたわけで、菌類の可能性に注目している。

ユパとナウシカが結ばれる可能性がある、と言ったらそれは言い過ぎだろうか。しかしそれはジルが彼のもとを訪れたユパに、ナウシカのことを話すそぶりからも察することができる（もちろんナウシカはその意味にはおそらく気づいていない）。風の谷にとどまるようジルがユパをけしかけることの意味は、すなわちナウシカとの結婚を言外に仄《ほのめか》しているにちがいない。

しかしユパは彷徨《さすら》うことを宿命付けられた者である。腐海の秘密を探るためと言ってはいるが、それは明らかに彼の性格モデルのひとつがオデュッセウスであるからだ。ギリシャ神話ではナウシカのもとを訪れ、そして去っていくオデュッセウス。難破船での怪我を介抱し、癒してくれたナウシカのもとにしばしとどまり、そこでナウシカの能力に惹かれ、またナウシカもオデュッセウスに想いを寄せる。そして最後はナウシカのもとを去っていく（映画も同様である）。帰るべき場所を持たない永久にホームレスのオデュッセウス。それはユパの放浪の性格を表している。またユパは名の知れた剣客でもある。その勇名は風の谷のみならずトルメキアにまで響いている。たしかに、冒頭ではナウシカが王蟲に追われたユパを救い出すシーンが描かれていた（ギリシア神話では血まみれのオデュッセウスをナウシカが救うことになっている）。また青き衣の伝説を編み上げたタピストリーがナウシカの家にあることも神話との共通性を感じさせる。偶然出会った盲目の詩人（映画での盲目の大ババ様か？）がナウシカの歌のすべてを編んで、膨大な歌のつづれ織りを作り上げたという話がギリシア神話にある。ナウシカが秘密の部屋をはじめてユパに見せることも象徴的だ。ユパはキツネリスの誘《いざな》いによってナウシカの秘密の部屋へとつながる回廊をひとり降りていく。そのさきの地下室にはナウシカが突っ伏していて、ナウシカはそのときはじめてユパにほかの人にはけっして見せない自分の想いを曝け出し、自らの内に潜んでいた暴力性（ジル殺害時に咄嗟にトルメキア兵に復讐してしまった内在する暴力性）を告白する。そのとき両者の間に入ったユパの血もギリシア神話を典拠にするかもしれない。そしてナウシカはユパの胸の中でひとしきり泣いてみせる。ナウシカはこのときユパにすべてを預けている。

　加えて決定的なことがある。ユパ来訪の初夜、ナウシカの寝室のベッドの下には靴が二人分置かれている。ほかの場面ではすべて一人分で描かれているのだ。ペジテのラステルを幽閉した飛行船が王蟲に喰われて風の谷に墜落するとき、警報で物見櫓のようなところにまずナウシカが駆けつけるが、ナウシカと風の谷の老人たちが話をしているところに、時間を前後してあたかも何事もなかったかのようにその同じ靴を履いてユパが登場するのである。

　ユパがジルと盟友のように話しているとはいえ、よく見ればユパはその動きも表情も決して老いていない。

　ユパはナウシカのもとを最後には去っていく。若いポスト・オデュッセウスたるアスベルを連れて。駱駝のようなトリウマに乗って。漫画版ではユパは死に、犠牲死の性格を強める。

核技術の戦争利用と平和利用

（1）核技術の戦争利用と平和利用の表裏一体

アスベルは蟲や瘴気《しょうき》には耐えられないから除去すべきだ主張する。しかし瘴気を「負」とは認識しないナウシカ。アスベルは「ちがう、彼らは破壊に使うだけだ」と、ペジテの平和利用を主張するけれども、ナウシカはそれを差異化しない。

ナウシカ「あなたもクシャナと同じことを言うのね」
アスベル「君も明日みんなに会えばわかるよ。ぼくたちは戦争になんか使わない」

（2）ウラン鉱物と地下

クロトワ「まったくかわいい化物だぜ、お前は。ずっと地下に眠っていりゃあよかったのによ」（巨神兵に対して）＝天然鉱物ウランを暗示？
ナウシカ「巨神兵なんか掘り起こすからいけないのよ」

（3）永久に終わらない報復

核技術の利用による情勢の一発逆転の可能性が述べられる。トルメキアもペジテの男性も巨神兵の奪い合いに躍起になっている。

クシャナ「巨神兵を復活させ、列強の干渉を排し、やつと共に生きるのだ」

ペジテの男性「小国が列強に対抗するには巨神兵しかない」

＊無抵抗、無抑圧のナウシカはより自由である。

（4）達成された神殺し

文明の道筋を全否定しているわけではない。しかし「神殺し」（『もののけ姫』におけるシシ神殺し＝自然と人間の関係の破損）に向かって突き進む文明。

クシャナ「もはや引き返すことはできないのだ」

ペジテ市長「もう遅いんだ。走り出したら止められない」

（5）巨神兵の死

大ババ「その方がいいんだよ」（巨神兵が死んで）
大ババ「王蟲の怒りは大地の怒り」
大ババ「化け物はコントロールできない」
クロトワ「世界が燃えちまうわけだぜ」
↓巨神兵の一撃は強烈な破壊力でキノコ雲の形状の火の海となっている。

（6）火の自重

風の谷の老人たちは爆弾を使わず、火の使用に対する自重がある。戦車に投げつけた手榴弾も爆発するかと思いきや殺傷能力のないただの閃光弾である。

火の存在

赤は火の赤か？　赤は生命（赤ちゃん、還暦に送る赤いちゃんちゃんこ、金太郎の衣服）、危険（信号、恐怖、攻撃）、血、火（文明）、さまざまなものの複合的な象徴である。ただし赤と青は対立するものではなく表裏の存在である。

（1）火の全否定ではない

風の谷の一老人「火は最小限でいい」

＊「火」は文明を意味するか。たしかに『ハウルの動く城』で火は悪魔扱いされているもの の（火＋ルシファー＝カルシファー）、火の存在そのものは全否定されていない。

（資料1）坂本龍一・中沢新一『縄文聖地巡礼』（木楽舎　二〇一〇年）

中沢：世界中のどの文明を見ても、国家が生まれるときには供儀、サクリファイスが強調される。だけど、サクリファイスというのは本来、王が自分を生贄として捧げることなんですね。国家を持たない社会では、供儀は贈与《ギフト》です。アイヌの熊送り《イヨマンテ》だと、自然の王である熊が、自分を生贄として人間の世界に贈与をおこなう。人間は熊に感謝して、ていねいに魂を送り返すことで対称性の関係になっている。ところが国家ができると、人間の王は権力の確立のためにサクリファイスをおこなうようになる。つまり人間が自然を支配し、コントロールできるという考えが出てくるんですよね。今回、福井の海沿いの地帯をまわろうと思ったもう一つの理由は、現代における自然のサクリファイスの問題が露呈している場所だからです。原発のことですけど。

坂本：原発こそ、現代の王ですね。現代の王は、当然のことながら自らを生贄として捧げないで、他の生命を犠牲にする。

中沢：自然の力をどう搾取するか。

坂本：近代科学の根底にあるのはそれですね。ウランという鉱物から巨大なエネルギーを取り出すというのは、思考法としてはプロメテウス的、もともとは火を取り出すということでしょう。

↓しかも王蟲であり、ナウシカは王女であり、その供儀《サクリファイス》なのである。

むき出しの「自然」とむき出しの「人間」の衝突

（1）自然原理主義の根源たる森が人の手によって焼かれる（文明原理主義ともいえるトルメキア艦船の墜落によって焼かれることになる）。
（2）「だめだ、舵が効かない」（嵐のなかに巻き込まれてコントロール不能に）。
（3）他者を認めず自らの論理で他を抑圧する帝国主義の近代。自然を支配し、コントロール下に置こうとする文明。自然と人間のエチカの崩壊。
（4）計量化された富（たとえば貨幣）への欲望。狩猟文化と稲作文化においては『縄文聖地巡礼』にもあるように、見返りや財産の保存といった概念が存在しないことで、自然とヒトとの関係性は保たれていたが、稲作文化が生まれると余剰生産物の発生から財産の貯蓄という考えが生まれ、それが国家や文明の発端となった。

火の七日間とプロメテウスの火

二〇一一年三月一一日に発生した東日本大震災において、福島第一原子力発電所は制御不能の状態に陥った。関東大震災のときには作家を始め多くの人々の関西移住、山手移住の動きが起こったが、放射能の危険によって東京から退去の動きもちらほら真剣に出始めた時期だとわたしは記憶している。そんな混乱の中、二〇一一年三月二八日に開かれた宮崎駿が企画と脚本を手掛ける宮崎吾郎監督『コクリコ坂から』の記者会見において宮崎駿は、「考えなければならないのは、プロメテウスの火をどうしたらコントロールできるか。私はこの地を一歩も退かないと決めています」とその決意を語った。またその年の六月のスタジオジブリに掲げられた横断幕には、「スタジオジブリは原発抜きの電気で映画を作りたい」と書かれ、そのことも話題となったのは記憶に新しい。

このときのもちろん「この地」とは直接的には三鷹や東京を指すものだろうが、それは「風の谷」にも敷衍《ふえん》させられうるだろう。プロメテウスの火の指すものは宮崎監督が何度となく描いてきたカルシファーの、巨神兵（火の七日間）の、タタラ場の、油屋の、そして戦争の火であろう。そして宮崎アニメの主人公たちは、そうした過剰な火の使用に対して抑制的で、慎ましくさえあるのだ。

分類不能の粘菌

・「自然界には属の種のということは全くなき物と悟るが要諦に候」（南方熊楠）とは、まったく大胆な考え方ではないか。熊楠にとって、言葉（分類学の大系）と物（生命活動）の二つの系列は、たえざる動揺のうちにある、と確信されているのだ。粘菌類は、生物界の特異点として、たったいまも変化のさなかにある。それは、自分とは異なる生命形態を、自分の内部から生み出し続けようとしている。粘菌は、進化の袋小路にあるものらしく、そのために生命活動は、強力な「目的因」による拘束を受けていない。つまり、どちらへ向かわなければならないという指令を失った状態で、進化はいわば「戯れ」の状態を享受していることができるのだ。そのために、こと粘菌にあっては、これこそが種であるという決定的な形態やライフスタイルにたどりつく必要がない。すべてが変種、すべてが中間種、すべてが異態というのが、粘菌類の実態なのである。（中沢新一「解題　森の思想」南方熊楠『南方熊楠コレクション五　森の思想』　河出書房新社　二〇〇九年）

↓「たえざる動揺」とはまさしくナウシカの姿勢を指すのではないか。すなわち世界は固化されたものとしてではなく、固化しようとする近代の欲望に抗うように、あたかもインターネットの画面を更新するように、世界はより豊かで流動的なものである。それを支配／把握するために、近代は「驚異を凡庸に変え」たのだ（まさに名付けること＝固化することによって弁別するのである)。

森の人・熊楠

奇人熊楠と蟲めづる姫ナウシカ。現実主義的な思考では大きな問題を解決するためのステップはどうしても小さくなり、局面を大きく転換することは難しい。そのようなとき、熊楠やナウシカは発想を台座ごと変えてしまう。このようなタイプの奇人は往々にして現実主義者からは嗤《わら》われる。〈敵〉や〈味方〉、〈赤〉や〈青〉、〈怒り〉と〈攻撃性〉、さまざまな対立を無効化して消去する存在がナウシカだ。これは粘菌がありとあらゆる二項対立の分類を拒否し、ひとつどころに立ち止まらない変質可能性にも似ている。

熊楠の神島保全運動と誰も顧みることのなかった粘菌(ある意味下等とされた生物)への関心と執着は、ナウシカの考える菌類による腐海の浄化と発想が共通しているようにも思える。人間中心主義寄りのエコロジーではなく、他者との共生によって成り立つ世界。ナウシカは腐海や王蟲を除去するのではなく、他者と生き、王蟲と生き、腐海と生きる道を選んだ。これは現代のわたしたちの自然観に対しても示唆的だ。

第四の位置クロトワ

この映画でもっとも面白いユニークな存在がクシャナに仕えるクロトワだ。その名前が「四」の響きを幾分帯びるように、彼はいつでもいたってアンニュイで、物事からどこか一歩引いて醒めている。熱烈な野心を持っているわけでもなく（「かわいい化け物だぜ、おめえは。久しく錆びついていた野心がうずいてくらあ」）、時勢を見計らってすこし調子に乗ろうとすることもあるが、クシャナが生きていることがわかればすぐに機を見て諦めてしまう。巨神兵を見たときにも「うだつの上がらない平民出にやっと巡ってきた幸運か、それとも破滅の罠か……」と冷静に分析してみせる。また風の谷に胞子が発生したときも、武器になりえるはずの火器を渡すのをためらう兵士に対して、臨機応変にあっさりと風の谷の住民に渡してしまう。戦争や支配よりも、どちらかというとクシャナの個人的な観察の方に彼の関心が置かれ、クシャナの女性性の発露や変化に一番最初に気が付くのも彼なのだ。融通無碍で物事を見るのに聡《さと》く、二つの対立のどちらにも属さず、第三の道（ナウシカ）にも同道するわけでもなく、つねに臨機応変。どこか憎めない、特異な立ち位置こそがクロトワなのである。

＊第一章「都市のアルケオロジー」は『慶應義塾高等学校紀要38号』（二〇〇七年）、第二章「越境する『もののけ』たち」、第三章「動く、壊す、キスし続けるということ」は『慶應義塾高等学校紀要46号』（二〇一五年）を初出とし、それに大幅に加筆修正を施したもので、その他はすべて書き下ろしである。

＊本文内の台詞は映画から引用している。

あとがき

ジブリについて考えるようになって一二年が過ぎた。教室でも、日常においても、どこにいても考えていた。この本を成立させてくれたのはまぎれもなく学生たちだった。わたしはさまざまなひとととの結縁に恵まれていると心から思う。ここに、この本の成立にあたって「忘れえぬ人々」（国木田独歩）を明記しておきたい。

まずは学生たち。「はじめに」でも述べたので省略するが、わたしは教える者でなく、彼らは単に教わる者ではなかった。ともに学ぶ者だった。彼らとの教室内外での刺激的なやりとりがなければまずこの本は成立しない。

次にわたしのささやかに物書く者としての活動と研究をあたたかく見守ってくれた元同僚にして畏敬すべき先輩金井広秋先生のすすめがなければこの本は誕生しない。先生は齋藤茂吉の研究者で、前橋高校では太宰全集の編纂などにかかわった亀島貞夫のもとで学んだ。そこで同級生として、将来メイとサツキの父である考古学者の草壁タツオを演じ、その後ジブリアニメの重要なキャッチ・フレーズを手掛けていくことになる糸井重里氏と出逢う。おふたりのガリ版刷りの貴重な同人誌を見せていただいたこともある。現在は作家として『死者の軍隊　連合赤軍の彼方に』（彩流社　二〇一五年）を出版されている。わたしは早稲田から慶應にやって来て、この博覧強記の先生と出逢えたことはまことに僥倖だった。仕事をしながらにして先生から多くを学ぶことができたからである。

装丁は今年生誕一五〇年を迎える南方熊楠の隠花植物や中尾佐助の照葉樹林、トトロの森やナウシカの腐海を意識して「粘菌の幾何学」とテーマを決めた。無理難題にもかかわらず快く引き受けてくれた鈴木裕君に感謝したい。わたしは授業で担当した生徒を教え子と呼ばないことにしているが、彼は教え子でもさらになく、わたしが顧問をするディベート部の主将を務めてくれ、現在はSFCの現役学生である。また本書の初版刊行にあたっては出版に関わる費用の一部を慶應義塾一貫教育振興助成金（二〇一七年度）からの補助を受けた。

最後に、貴重な一年のほぼすべてをこの本に捧げてくださったアルファベータブックスの編集者結城加奈さんと、出版にあたりご尽力いただいた代表取締役の茂山和也さんに深く感謝したい。わたしのはじめての単行本を作るにあたって結城さんに担当していただいたことは書き手にとってこのうえなく心強く、この本にとっても幸福なことだった。校正のたびに固まるどころか粘菌のように原形をとどめず変容しつづける動くテクストと著者を相手にする苦労は察するに余り有る。これほど静かな確信をもって併走してくださる編集者の方はいない。そしてわたしの最初の単行本が、芸術全般の出版に深く関わり、とりわけ音楽を専門としてきたアルファベータブックスから出版されることを有難く思っている。

さまざまなかたちでかかわってくださったこの本の「忘れえぬ人々」を感謝し、御礼を申し上げてひとまず擱筆することとしたい。

二〇一七年一一月二四日

著者識す

【著者】

古川　晴彦（ふるかわ　はるひこ）

1980年生まれ。早稲田大学大学院文学研究科日本語日本文化専攻博士後期課程単位取得退学。現在、慶應義塾高等学校教諭（2006年から現職）・三田文學理事・慶應義塾大学教養研究センター所員。専門は日本近代文学と音楽評論。オクタヴィア・レコードのアシュケナージ指揮シドニー響マーラー交響曲第5番／大地の歌／第4番＆第6番（2CD）・プロコフィエフ交響曲全集（3CD）のライナーノート執筆のほか、『藝能』『三田文學』『三田評論』『國文學』『国文学研究』『図書新聞』に書評などを執筆。第22回ディベート甲子園最優秀指導者賞受賞。

ジブリの授業《じゅぎょう》
語《かた》りえぬものたちの残響《ざんきょう》と変奏《へんそう》に耳《みみ》を澄《す》ます

発行日　2017年　12月10日　初版第1刷発行
　　　　2022年　8月20日　　第2刷発行

著　者　古川 晴彦
発行人　春日 俊一

発行所　株式会社 アルファベータブックス
〒102-0072 東京都千代田区飯田橋2-14-5
Tel 03-3239-1850　Fax 03-3239-1851
website http://alphabetabooks.com
e-mail alpha-beta@ab-books.co.jp

装　丁　鈴木 裕
印　刷　株式会社 エーヴィスシステムズ
製　本　株式会社 難波製本

ISBN 978-4-86598-045-5　C0074